KB055968

잊지 않고 있어요, 그날의 약속

잊지 않고 있어요, 그날의 약속

세월호를 기억하는 대구 사람들

세월호참사대구시민대책위원회 기획 • 한유미 씀

한티재

추천의 글

유경근
4·16세월호참사가족협의회 집행위원장

同行

2014년 초여름, 특별법 제정 촉구 서명버스가 전국 순회를 하면서 대구와 세월호 가족들이 인연을 맺었습니다. 서로 양보(?)하던 대구행에 3반 부모님들이 함께하셨고, 그 후 천 일 동안 대구는 저희 세월호 가족들에게 과분한 사랑과 응원을 보내주셨습니다. 비록 대구 지역의 모 의원은 평생 잊기 힘든 수모과 좌절을 우리들에게 안겨 주었지만, 대구 시민들이 이를 이겨낼 수 있는 넉넉한 힘을 채워주셨습니다.

그 누구라도 세월호 가족들이 지난 천여 일 동안 겪은 고통과 분노를 온전히 이해하기는 어렵습니다. 그런 세월호 가족들을 조건 없이 지지하고 응원하며 함께하는 것은 더더욱 어려운 일입니다. 생전 얼굴 한 번 본 적 없는 세월호 희생자와 유가족들 때문에 자신의 가족, 친구, 동료, 이웃과 얼굴을 붉혀야 하는 것이 어디 쉬운 일이었겠습니까. 가끔은 미친(!) 사람 취급도 받았을 테죠. 그러면서 겪은 수모와 분노는 고스란히 트라우마가 되었을 테고, 그런 트라우마를 어디에 마음놓고 드러내지도 못한 채 지난 천 일을 달려들 오셨겠죠.

프랑스에서 재난/참사 피해자들은 우리가 상상하기 어려운 권리를 법으로 보장받고 있습니다. 수많은 권리 중 가장 부러운 것은 피해자들이 직접 수사권과 기소권을 갖고 재난/참사의 진상 규명과 책임자 처벌을 할 수 있다는 것입니다. 이를 부러워하는 우리에게 프랑스 재난/참사피해자단체연합회 사무총장인 스테판(역시 쓰나미로 아들을 잃은 유가족입니다)이 이렇게 얘기합니다.

"우리도 이십 년 전에는 당신들과 똑같은 취급을 받았습니다. 그런데 지하철 사고로 아들을 잃은 한 아빠가 홀로 싸우기 시작했고 그 덕분에 프랑스는 지금 여기까지 왔습니다. 세월호 가족 여러분들은 한국에서 그 첫 길을 개척하기 시작한 겁니다. 십 년, 이십 년 후에 한국인들은 모두 여러분들을 기억하며 고마워할 것입니다. 그러니 자신감과 자부심을 가지세요. 하늘에 있는 아이들이 기뻐할 것입니다."

다시는 우리와 같은 '불가촉' 유가족이 생기지 않기를 바라며 싸워온 우리들에게 전해 준 가장 뜨거운 지지와 응원이었습니다.

지난 천 일 동안 세월호 가족들과 동행해온 대구 시민들이 바로 이

'첫 길'을 개척하는 주역이었습니다. 지금 저희들이 돌려드릴 건 "함께해주셔서 고맙습니다"란 인사뿐이지만 곧 여러분의 자녀들이, 십 년 후 대한민국 국민들이 그때 그 대구 시민들 덕분에 이렇게 안전한 사회에서 행복하게 살 수 있게 되었다고 고마워할 것입니다.

정말 많은 시민들이 저희 세월호 가족들과 함께해주고 계셔서 외롭지 않습니다. 그 중에 대구가 있어서 더욱 힘이 납니다. 그래서 반드시 세월호참사의 진실을 밝혀내고 안전한 사회를 이룰 수 있을 것 같습니다.

저희들은 안전한 사회를 만들어낸 후 우리 아이들을 만나러 가는 게 소원입니다. 그날이 하루라도 빨리 오기를 간절히 바라고 있습니다. 너무나 보고 싶거든요. 이런 저희의 소망을 이루기 위해 지난 천 일 동안 동행한 대구 시민들, 정말 고맙습니다. 그리고 새로운 천 일도 변함없이 동행해주시기를 바랍니다. 국민을 수장시키지 않고, 유가족을 '불가촉 신분'으로 가두지 않는 새로운 세상을 이룰 때까지 저희들도 대구 시민들과 동행하겠습니다.

추천의 글

박주민
변호사, 국회의원

세월호를 기억하는 마음, 고맙습니다

많은 분들이 세월호참사를 기억하고 있습니다. 그리고 다시는 그런 일이 발생하지 않도록 해야 한다는 생각에서 많은 활동을 하고 계십니다. 그런 분들의 고생에 순위를 매기거나 무게를 재는 것은 사실 가능하지도 않고 가당치도 않습니다. 그럼에도 불구하고 '이런 분들은 좀 더 힘들었겠구나' 하는 생각이 드는 것은 어쩔 수 없는 것 같습니다. 대구경북에서 활동하시는 분들도 이렇게 좀 더 힘들었겠구나 하는 생각이 드는 분들입니다.

이 지역의 정치인들 대부분은 많은 국민들이 아는 바와 같이 누가 진짜 박근혜 대통령의 사람인지 내세우는 정치를 합니다. 그것은 지역의 정서를 반영한 것이라 할 것입니다.

세월호참사 진상 규명을 주장하는 세월호 활동은 박근혜 대통령에 대한 비판과 검증 또한 내용 중 하나로 담고 있습니다. 그러니 대구경북에서의 세월호 활동은 굉장히 많은 벽에 부딪혔을 것입니다. 더 나아가 그 벽은 단순히 서 있는 것이 아니라 벽에 도전하는 사람들에게 상처를 주었을 것입니다. 대구경북에서 활동하셨던 분들은 바로 그 벽과 그 벽이 주는 시련에 맞서 꾸준히 세월호참사의 의미를 알리고 이해시키기 위해 애쓰면서 많은 상처를 받으셨을 것입니다. 그런 상처는 어떤 말로 치료될 수는 없을 것입니다. 그러나 그런 상처 입은 노력이 있었기에 최근의 탄핵 정국이 가능했을 것이라는 것은 꼭 기억해주셨으면 합니다.

이제 그 상처 입은 노력을 정리하여 더 많은 사람들이 공감할 수 있도록 하는 작업이 필요하리라 생각합니다. 누가 더 잘했느냐를 보여주자는 것이 아니라, 세월호를 기억하는 모든 사람들의 노력이 기록에 남는 첫걸음으로서 말입니다. 이 책은 그런 역할을 할 수 있을 것이라 생각합니다. 단지 건조하게 사실관계를 정리하는 것이 아니라 직접 여러 활동에 참여했던 분들의 생생한 육성을 담았기 때문입니다. 이 책을 시작으로 세월호 활동을 해온 많은 지역, 많은 사람들의 이야기가 기록되었으면 합니다. 그래서 차곡차곡 역사로 남았으면 합니다. 그것은 세월호참사를 반복하지 않도록 하는 교훈이 될 것입니다. 세월호를 기억하기 위해 대구에서 활동해온 모든 분들, 그 소중한 사연을 기록하고 책으로 만들기 위해 애쓴 모든 분들께 무한한 감사를 드립니다.

여는 글

미류
인권운동사랑방

세월호참사의 현재가 우리의 미래

2016년 9월 30일, 세월호참사 특별조사위원회는 정부에 의해 강제로 해산당했다. 650만 명이 넘는 국민의 서명으로 만들어진 특별법과 그에 따라 구성된 특조위의 활동이 마감되면서 세월호참사의 첫 번째 국면이 저물었다. 그러나 우리는 지지 않았다. 하루 다음날인 10월 1일은 세월호참사 900일을 맞는 날이었다. 광화문 세월호 광장에 적지 않은 사람들이 모였다. 희망을 노래할 수는 없었지만 패배를 말할 이유도 없었다. 우리에게는 우리 자신이 있었기 때문이다. 진실의 끝은 우리가 정하며, 진실의 길 끝까지 함께 가겠다고 선언했다.

세월호참사 진상 규명의 두 번째 국면이 시작되는 데까지 오래 걸리지는 않았다. 채 한 달도 되기 전 광화문광장에는 수십만 명이 넘는 사람들이 모이기 시작했다. 최순실이라는 인물이 한 나라의 대통령 연설문을 수정하는 등 국정을 농단하고 있었다는 '어이없는' 사실에 사람들은 더 이상 참을 수 없게 되었다. 갑자기 튀어나온 분노가 아니다. 세월호참사 직후 사람들은 '국가란 무엇인가' 질문했다. '이게 나라냐'는 외침은 중간 답이었다. 우리가 원하는 국가는 이런 나라는 아니다! 박근혜 퇴진을 요구하는 함성과 함께 세월호참사의 두 번째 국면이 시작되었다. 우리 앞에 놓인 숙제는 무엇일까?

세월호와 다를 바 없는 사회

세월호참사는 여객선이 침몰해 다수의 사람들이 목숨을 잃은 사건에 그치지 않는다. 세월호참사는 우리가 살고 있던 사회의 민낯을 직면하게 했다. 어쩌면 알고도 부인하고 싶었던 수많은 부조리를 더 이상 부인할 수 없었다. 우리가 사는 사회도 결국 한 척의 배였다. 잘못된 항로로 들어설 수도 있고 알 수 없는 이유로 침몰할 수도 있는 배였다. 침몰할 때 누군가의 목숨이 버려지는 것이 냉정한 현실이었다.

수많은 사람들이 슬퍼하고 안타까워하는 죽음 앞에서 국가는 수상

한 태도를 보였다. 두 번 다시 겪어서는 안 될 일이라면, 도대체 어떤 문제가 있었는지 철저히 진상을 규명하는 것이 상식이다. 그래야 다시 겪지 않을 방법을 알게 된다. 잘못이 있었다면 먼저 나서서 반성하고 사과하는 것이 도리다. 나아가 잘못을 세세히 파악하여 문책하고 처벌해야 한다. 그런데 정부는 숨기기에 급급했다.

교통사고일 뿐인 것을 두고 왜 그리 정부에 책임을 묻느냐며 탄압하기 시작했다. 대통령은 최종책임이 자신에게 있다는 언설로 아무런 책임을 지지 않겠다고 엄포를 놓았다. 해경 123정장을 제외하고는 해경 지휘부 누구도 수사받거나 기소되지 않았다. 304명의 세월호참사 희생자는 '죽어도 그만인 사람들'이었던 것인가. 정부의 태도에는 구하지 못한 참회도 통한도 없었다. '안 구한 것'이었다. 침몰하는 배에서 우리도 버려질 수 있다는 것이 참담한 진실이었다.

두 번째 국면이 시작되자 새로운 사실들이 쏟아져 나왔다. 박근혜뿐만 아니라 권력의 정점에 있던 김기춘, 우병우, 최순실 등이 세월호참사를 어떻게 대했는지 여실히 드러났다. 정부 책임을 부인하기 위해 언론을 통제했고 감사원과 검찰을 통제하며 진상 규명을 방해했다. 세월호참사의 아픔에 공감하는 사람들을 '좌빨'로 몰았고, 세월호참사의 고통은 돈벌이의 재료로 삼았다. 어버이연합 등을 조정하고 동원하여 피해자 가족들을 고립시키고 진의를 왜곡했다. 정부는 국민과 적대하며 자신들의 권력을 키우려 했다.

우리가 버려지는 것은 우연이 아니었다. 정권을 움직이는 사람들은 재벌들의 뒤를 봐주며 돈을 모았고 모은 돈으로 실력을 행사했다. 먹고사는 일이 우리에게 고역일수록 그들은 풍요로워졌다. 우리의 저항을 깡그리 짓밟을수록 그들은 자유로워졌다. 누군가의 소중한 생명을 버려져도 그만인 것으로 만들어버리는 데에는 이유가 있었다. 자신들의 권력을 지탱하기 위해 우리는 사라져야 할 사람들이었다. 그들만의 세상에 방해가 되는 짐짝이었다. 사라질 수도 없고 버려질 수도 없기에 우리는 광장에 모여 촛불을 들었다.

평등하고 존엄하게

세월호참사 이후 많은 사람들이 약속했다. "세월호참사 이전으로 돌아갈 수 없습니다. 세월호참사 이후의 다른 사회를 만들겠습니다." 박근혜 퇴진은 세월호참사 이전과의 단절을 확인하는 과정이다. 이제 숙제는 다른 사회를 만드는 것이다. "이게 나라냐"고 물었던 우리 스스로 "이게 나라다"라고 말할 수 있는 사회. 세월호참사를 겪으며 우리는 실마리를 얻어왔다. 풀뿌리 토론으로 함께 만든 「존엄과 안전에 관한 4·16인권선언」도 나침반이 될 것이다.

세월호참사 이후의 다른 사회는 무엇보다도 두 가지 질문에 답할 수 있어야 한다. 우리의 생명은 더욱 안전해졌는가? 우리의 삶은 더욱 평등해지고 존엄해졌는가?

막을 수 있는 죽음은 막아야 하고 피할 수 있는 죽음은 피할 수 있어야 한다. 누구에게나 자명한 것이 현실에서는 그렇지 않았다. 선박 연령 규제를 완화했을 때 대규모 인명 피해가 있을 수 있다는 국책연구기관의 우려에도 불구하고 정부는 규제를 완화했다. 위험을 감수하고서라도 기업의 이윤 창출 효과가 더욱 중요하다고 판단했기 때문이다. 반도체를 만드는 데 사용되는 화학물질이 백혈병이나 희귀암 발생률을 높인다는 사실이 드러났지만 정부는 기업을 규제하지 않았다. 대신 기업이 살아야 나라가 산다고 국민들을 세뇌시켰다. 우리의 삶과 존엄이 평등하지 않았기 때문에 가능했다.

생명은 소중할지 모르나 여객선을 타고 다니는 사람들의 목숨은 크게 중요하지 않았다. 반도체를 만들다가 누군가 죽더라도 '못 배우고 가난한' 사람의 죽음일 뿐이므로 정부는 재벌의 편을 들면서도 사람들에게 지지를 얻을 수 있었다. 거대한 권력의 카르텔 앞에서 힘없는 개인은 지쳐 나가떨어질 수밖에 없었다. 불평등이야말로 우리의 생명을 위협했다. 우리가 만들 세상이 평등에 도전하지 않는다면 권력은 언제든 약한 자들을 배제하며 자신의 권력을 키우는 습성을 포기하지 않을 것이다.

세월호참사 직후 그랬듯 세상을 어디에서부터 뜯어고쳐야 할지 막

막하기도 하다. 가본 적 없는 길은 희미하고 두렵기도 하다. 우리의 생명을 위험에 몰아넣는 구조는 여전히 견고하다. 박근혜 혼자 벌인 일도 아니고 몇몇 악한 인물들이 손을 써 조작한 세상도 아니다. 세상은 하나의 시스템이다. 시스템의 구석구석을 손보기 위한 법이나 제도도 필요하고, 길을 가로막는 벽을 깨고서라도 넘어서겠다는 의지도 필요하다. 나침반만으로 길을 만들어갈 수는 없다. 우리는 다행히도 그것이 어떻게 가능한지 익혀 왔다.

연대 속에서 희망의 실마리를 찾다

세월호참사도 여느 사건들처럼 시간이 흐르면 잊힐 수 있었다. 진상 규명 책임자 처벌이 흐지부지된 채 억울한 통곡만 남을 수도 있었다. 세상은 원래 이런 것이라며 체념하고 침묵하는 개인이 되어 흩어질 수도 있었다. 부당한 일에 어떻게 맞서야 할지 엄두가 나지 않아 차라리 외면하는 것이 처세술이 될 수도 있었다. 그러나 우리는 달랐다. 누군가의 처지에 공감하는 마음이 시작이었다.

너무 힘들어서 잊으려고도 했지만 세월호참사를 잊을 수 없었다. 혼자 기억할 때는 아팠지만 여럿이 모여 기억을 나누니 따뜻해지고 오히려 힘이 났다. 남의 고통을 외면하고 나 혼자 행복하려는 것은 불가능했다. 누군가의 고통에 응답하기 시작할 때 내 삶이 어디쯤에서 멈춰 있는지 투명하게 보였다. 시작할 때는 막막했지만 조금씩 행동할수록 내가 할 수 있는 더 많은 것들이 보였다. 함께였기에 가능했다. 연대하면서 우리에게는 힘이 생겼다.

각자의 삶에 옹이처럼 박힌 고통을 들여다보는 것은 힘겨운 일이다. 자신의 고통도, 타인의 고통도. 그러나 고통이 힘겹고 절망스러운 것은 우리가 힘이 없기 때문이 아니다. 혼자 외롭게 견뎌야 하기 때문이다. 미수습자 가족들과 유가족을 외롭게 남겨두지 않겠다고 약속했을 때 우리는 이미 '우리'가 되었다. 힘없는 개인은 세상을 견뎌야 하지만, 힘 있는 '우리'는 세상을 '견딜 수 없는 것'이라고 선언한다.

정답이 있었다면 더 빨리 길을 열 수 있었을까? 아니다. 참사의 해법에 정답이 없었으므로 우리는 모두가 해결의 주체가 되기 위해 노력할 수 있었다. 세월호참사는 한국사회의 처참한 현실을 직시하게 한 동시에, 세상이 이 지경이 되도록 앞만 보고 살아온 부끄러움을 모두에게 남겼다. 공감은 우리에게 책임을 깨우쳤고 연대는 우리에게 희망의 실마리를 쥐어주었다. 인간의 존엄에 대한 감각에 기대어 서로 지켜주고 싶은 '우리'가 되면서 우리는 이미 주권자가 되고 있었다.

변화는 이미 시작되었다. 세월호참사의 진상 규명과 책임자 처벌을 위한 특별법이 필요하다는 제안은 유가족과 국민으로부터 시작되었다. 포악한 정권 아래서 결국 특조위가 해산당했지만 진상 규명을 잘

하기 위해 무엇이 필요한지 분명히 알게 되었다. 누군가의 죽음이 허투루 잊혀지도록 내버려두지도 않았다. 구의역에서 일하던 하청노동자의 죽음 이후 서울시는 진상조사위원회를 꾸려 보고서를 내게 되었다. 강남역 10번 출구에서 여성이라는 이유로 죽어야 했던 한 여성의 죽음은 여성혐오를 고발하는 행동으로 이어졌다. 백남기 농민이 물대포에 맞고 쓰러진 후 돌아가시자 정권은 부검 운운하며 고인을 두 번 죽이려 들었다. 우리는 가만히 있지 않았다.

진실을 향해 한 걸음 더

대통령의 탄핵 사유에는 세월호참사 당일 7시간의 공백이 포함되어 있다. 박근혜 퇴진을 요구하는 촛불의 함성이 광장을 채우기 전까지는 묻기 어려웠다. 세월호참사 특조위가 본격적으로 해산당하기 시작한 때도 대통령의 행적을 조사 대상으로 삼고 나서이다. 모든 국민이 마음을 졸이며 탑승객들의 생환을 기도하던 때 대통령의 행적에 7시간이나 공백이 있다니 납득하기 어렵다. 그러나 불과 얼마 전까지도 그것은 '문제'되지 않았다.

누군가의 죽음을 조장하고 방치하는 것은 누군가를 죽이는 것과 다름없다. 생명에 대한 권리를 적극적으로 보장할 의무가 국가에 있다.

국가의 의무에 비추어 탄핵 이후에 본격적인 수사와 기소가 이어져야 한다.

세월호참사에서 국가는 왜 생명에 대한 권리를 보장하지 못했는가. 해경 지휘부뿐만 아니라 재난 컨트롤타워에 책임 있는 자들이 어떻게 수백 명의 목숨이 수장되는 것을 방치했는지 낱낱이 밝혀야 한다. 세월호참사에 드문드문 등장하는 국정원을 양지로 끌어내 책임을 물어야 한다. 진실은 힘이다. 밝혀야 한다는 의지가 형성될 때 법이나 제도가 작동한다. 특별조사위원회가 독립적이고 강력한 권한을 가지는 것으로 진실이 완성되지 않는다. 모든 것이 다시 우리의 몫이다.

세월호참사의 현재가 우리의 미래다. 진상이 철저히 규명되지 않은 현재는 누군가 죽어도 그만인 미래를 예고한다. 참사를 야기한 잘못을 단죄하지 못하는 현재는 책임을 회피하는 권력이 유지되는 미래를 보여준다. 아직 치유할 수 없는 슬픔과 분노가 떠도는 현재는 누군가 외로움 속에서 절망하는 미래의 모습이다. 우리의 연대와 협력을 미래로 만들기 위해 지금이야말로 신발끈을 동여맬 때다.

진실을 밝히는 길은 역사를 만드는 길이다. 2년 전 우리에게 세월호참사가 아프기만 한 참사였다면, 지금 세월호참사는 부조리한 정권에 맞선 범국민적 저항을 불러일으킨 사건이다. 몇 년 후 우리에게 세월호참사는 무엇일까? 한국사회가 근본적으로 다른 사회가 되어 가는 시작점으로 기억되어야 하지 않을까? 모든 사람들이 생명의 존엄과 안전을 평등하게 누릴 수 있는 나라가 되었을 때, 각자도생하던 사회가 크게 바뀌어 더불어 함께 사는 세상이 되었을 때, 세월호참사의 희생자들을 조금은 덜 아프게 기억할 수 있을 것이다.

권력은 책임을 회피했고 우리는 책임을 자처했으므로 다음 세상은 우리의 것일 수밖에 없다. 우리가 스스로의 권리를 포기하지 않는 만큼, 모든 사람이 존엄을 누리는 세상에 대한 책임을 포기하지 않는 만큼, 세상은 달라질 것이다.

여는 글

박래군
4·16연대 상임운영위원 · 인권재단 사람 소장

416운동의 현재와 전망

1. 광장의 촛불과 416운동

지금 이 글을 쓰는 시점은 대통령이 국회에서 탄핵소추를 받고 헌법재판소의 탄핵심판이 진행 중이며, 곧 있을 헌법재판소의 탄핵결정을 앞둔 2017년 2월이다. 지난해 10월 말부터 정국은 급변했다. 최순실 게이트가 분명하게 실체를 드러내기 시작하였을 때와 경찰 물대포에 맞아 투병 중이던 백남기 농민이 사망한 시점이 일치한다. 2016년 9월 25일 사망한 백남기 농민의 시신을 탈취하려고 시도하는 경찰에 맞서서 서울대병원을 지키고 있던 10월 24일 위기에 몰렸던 박근혜 대통령은 이날 오전 국회 시정연설을 통해서 개헌 카드를 들고 나왔다. 모든 정국은 일시에 개헌이라는 블랙홀에 빨려 들어갈 듯했으며, 이것으로 박근혜 정권은 정치적 위기를 반전시킬 것이라는 전망이 그날만 유효했다. 바로 10월 24일 저녁에 JTBC는 뉴스를 통해서 최순실의 태블릿 피시의 내용을 공개했다. 최순실이 대통령의 연설문까지 손보면서 국정을 농단했음이 구체적인 증거로 드러나기 시작했다. 하루아침에 정국은 급반전되었고, 국민들의 분노는 일거에 폭발했다. 그 민심의 폭발이 무서웠는지 바로 다음날 박근혜는 1차 거짓 사과를 했지만, 이 사과는 이후의 2차, 3차 사과처럼 민심의 분노만 더욱 자극했다.

10월 29일부터 광장에서 사람들이 촛불을 들고 모이기 시작했다. 3만으로 시작된 촛불은 한 때 전국 230만 명이 모여서 박근혜의 퇴진과 구속을 외쳤고, 눈치를 보던 국회를 탄핵소추로 밀어붙였다. 여론조사 결과는 박근혜 대통령의 콘크리트 지지율이라는 30%를 너무 쉽게 허물었고, 박근혜 대통령의 지지율은 5%대로 떨어졌다. 이미 국민들에 의해서 탄핵을 당한 상황이었다. 그런 이후에 겨울이 지나는 동안에도 광장의 촛불은 꺼지지 않았다. 그런 촛불의 힘으로 박영수 특검은 수사를 밀고 가고 있고, 최순실 일당과 김기춘, 조윤선, 이재용까지 구속하는 상황을 만들어냈다. 이런 시민들의 촛불투쟁을 학자들은 촛불 시민혁명이라고 명명했다.

2016년 광장의 촛불시민혁명의 한가운데에는 세월호참사가 놓여 있었다. 세월호참사가 일어났던, 모든 국민이 숨죽이고 한 명의 생존자라도 있기를 간절히 기도했던 그 절박한 시간에 대통령은 사라졌다. '세월호 7시간'은 아직 명확하게 드러나지 않았지만 의료비선에 의한 미용시술의 가능성까지 제기하게 되면서 '이게 나라냐'라는 국민들의 분노와 탄식의 중심에 서 있었다. 광장에 모이는 시민들은 비로소 세월호참사 이후의 모독과 굴욕을 견디어온 세월호 유가족들과 광장을 오래 전부터 지켜온 4·16연대를 알아봤다. 광장의 시민들은 기꺼이 세월호 유가족들의 아픔을 받아들였고, 그들의 주장에 적극적으로 공감했다. 광장에서 발언하는 이들은 어느 누구도 세월호를 말하지 않는 이가 없게 되었다.

"4·16 이후는 달라져야 한다"는 세월호 유가족과 4·16연대의 주장이 지금은 전 사회의 민주화로 이어져 차원을 달리한 촛불시민혁명의 주제가 되어 있다. 광화문 세월호 광장에서 매 주말 촛불집회가 열리는 날에는 수만 개의 노란 리본이 동이 났고, 4·16연대 회원 가입을 위해 줄을 서는 시민들을 볼 수 있었다. 분향소에 들러서 눈물짓고 가고, 전시관에 들러서 세월호참사의 지난 과정을 알아보는 사람도 있고, 서명대에도 시민들의 줄이 이어졌다.

이런 극적인 반전, 그리고 정치 상황의 역동성 가운데 우리는 서 있다. 그렇다면, 2014년 4월 16일 세월호참사 이후 3년이 다 되어가는 현재까지의 416운동의 상황은 어떤가? 시민들의 지지를 받고 있으니 만족할 수 있는 것인가? 그리고 416운동은 앞으로 어떻게 방향을 잡고 나가야 하는가? 우리는 새로운 세상을 만들기 위해서 어떤 노력을 해야 하는가? 이런 고민을 함께 나누고자 이 글을 쓰게 되었다.

2. 416운동의 목표와 주체들

1) 416운동의 목표

팽목항에서, 안산에서, 광화문에서, 대한민국 곳곳에서 세월호 희생자들의 참담한 죽음을 애도하고 세월호의 침몰과 구조실패의 진상 규명을 요구하고, 돈보다 인간의 생명과 존엄이 우선시되는 질서와 체제를 요구하는 다양한 투쟁들—이 투쟁들을 총칭하여 416운동이라고 부르자—즉, 416운동은 세월호 사건을 사고로 의미화하려는 권력의 통념(doxa)에 맞서 세월호 사건의 다른 의미를 창출해가는 역설(para-doxa)의 정치이다.●

● 정정훈, 「4·16 인권선언 — 사건화와 주체화의 정치」, 『진보평론』 66호(2015년 겨울호) 102~103쪽.

4·16연대는 지난 2015년 6월에 창립되었다. 이때부터 416운동이란 말이 공식화되었다. 처음 416운동을 말할 때 무척이나 생소하게 들렸던 이 말이 지금은 많이 보편화되었다. 416운동은 유가족들이 처음 제기하였던 운동의 목표를 달성하려고 한다. 유가족들은 누구의 지침에 의해서가 아니라 피해 당사자로서 당연히 제기할 수 있는 목표를 우리 사회에 제기했다.

416운동의 목표는 무엇일까? 첫째, 세월호참사의 진상 규명, 책임자 처벌, 안전사회 건설이다. 이 목표들은 시민사회가 먼저 제시한 게 아니다. 팽목항에서 시신을 찾아 올라온 유가족들이 안산에서 모여 토론한 결과로 정리된 것이다. 이어 유가족들에 의해서 이를 위한 특별법 서명운동이 제기되었고, 2014년 세월호 진상 규명 특별법('4·16 세월호참사 진상 규명 및 안전사회를 위한 특별법')이 650만 명의 국민 서명 위에 제정되는 과정에서 가장 보편적인 목표로 인식되었다. 이 특별법에 따라서 '4·16 세월호참사 특별조사위원회'가 우여곡절 끝에 설치되어 활동했지만, 2016년 6월 조사는 강제로 종료되었고, 9월 말로 특별조사위는 강제 해산되었다. 특별조사위는 온갖 정부의 방해와 비협조의 현실에 맞서야 했다. 아직 안전사회까지도 아니고, 진실 규명도 못 해내고 있다.

이들 과제는 일견 단기적인 운동의 목표처럼 보일 수 있지만, 그 해결의 과정이 현 지배세력과의 투쟁을 통한 우리 사회 전체의 민주주의 회복, 진전을 위한 운동과 연결될 수밖에 없다는 점에서 장기적인 과제일 수밖에 없다.

둘째, 416운동은 세월호참사 이전과는 다른 세상을 만들기 위한 운동이다. 사실 첫째 과제 중에 '안전사회 건설'은 진상 규명, 책임자 처벌과 연결되어 있으면서도 한편으로는 다른 층위의 과제일 수 있다. 안전사회로 가기 위해서는 신자유주의 경제 질서를 해체하고 재구성해야 한다. 현재 상당 부분 민영화되어 있는 공공 영역들을 공적 영역으로 되돌리고, 안전을 이윤에 우선하는 체제로 바꾸어야 한다. 그러기 위해서는 경제성 논란을 불식시켜야 할 것인데, 이는 의식 개혁이 선행되지 않으면 안 된다. 따라서 안전사회를 만드는 운동은 대대적인 교육사업과 조직화 사업이 병행되어 다수 지역주민들이 참여하는 시민운동이자 주민운동으로 나아가야 한다. 아울러 안전을 위한 예산 배정을 위해서는 주민참여예산운동과도 접목할 수 있다.

하지만 '다른 세상'이 '안전사회'인 것만은 아니다. 아직 이 다른 세상에 대한 논의는 본격화되지 않았고, 그에 대한 사회적 합의는 없다. 다만 돈보다는 생명과 안전, 경쟁보다는 공감과 협력, 연대가 실현되는 세상 정도로 추상적인 공감대가 미약하게 형성되어 있을 뿐이다. 다른 세상을 꿈꾸기 위해서는 현재의 우리 사회, 특히 세월호참사를 낳았던 우리 사회에 대한 깊은 성찰이 있어야 하지만 아직은 그런 바람은 불지 않는다. 그럼에도 세월호참사를 두고 '생명존중, 인간존엄'

이라는 화두는 끊임없이 되뇌어지고 있다.

다른 세상에 대한 꿈은 계속 논의되어야 한다. 그 꿈에는 학교 교육이 바뀌고, 언론이 바뀌고, 정치가 바뀌고, 사법이 바뀌는 등의 제도의 변화까지 포함되어야 한다. 세월호참사를 통해서 확인된 지옥도에서 벗어나는 길에 대한 끊임없는 토론과 탐색이 경주될 때 민주공화국은 헌법의 사문화된 조항이 아니라 살아서 실현되는 국가의 모습으로 나타날 수 있다.

2) 416운동의 주체들

지금까지 제시된 416운동의 목표는 위와 같다. 결코 작지 않은 목표이고, 현재의 힘의 관계를 고려할 때 도달할 수 없는 목표인 것처럼 보일 수 있다. 따라서 위의 목표로 다가가기 위해서는 운동의 주체를 강화해야 할 필요성이 제기된다. 이런 필요성에서 탄생한 조직이 '4월 16일의 약속 국민연대'(4·16연대)다.

416운동의 주체 중 가장 중심을 이루는 집단은 '사단법인 4·16 세월호참사 진상규명 및 안전사회 건설을 위한 피해자 가족협의회'(약칭 '4·16가족협의회')다. 세월호참사 이후 희생 학생 가족, 미수습자 가족, 생존 학생 가족, 희생 교사 가족, 일반인 희생자 가족, 생존 화물기사를 비롯한 민간잠수사 등 여러 피해 당사자들이 단일한 조직으로 묶인 조직이다. 피해 당사자들과 가족들은 지금까지의 피해자 집단과는 다른 모습을 일관되게 보여주고 있다. 즉, 돈에 회유되고 보상에 굴복하기보다는 운동의 본래 목표를 제시하고, 그 목표 실현을 위한 행동에 매우 적극적이다.

이들 가족협의회와 긴밀하게 연결되어서 활동하는 시민들도 416 운동의 주체들이다. 세월호참사 이후에 자발적으로 거리에 나와서 촛불을 들었던 시민들, 피켓팅을 하던 시민들, 노란 리본을 만드는 활동에 참여했던 시민들 등등이 참사가 일어난 지 3년을 앞둔 현 시점까지 전국에서 활동하고 있다. 이런 예는 지금까지 매우 드문 경우다. 더욱이 한 지역이 아니라 전국에서 지속적인 활동을 하는 시민들이 있다는 건 새로운 운동의 가능성이 있다는 얘기로도 해석될 수 있다. 이들 시민들은 세월호참사의 아픔에 공감하고, 망각을 조장하는 세력에 분노하면서 운동에 참여하고 있다. 이들의 무기는 자발성과 창의성이고, 소통이다. 운동의 주체로 참여할 때 이들의 자발성은 더욱 극대화된다. 해외에서 활동하는 교포들도 마찬가지다. 유럽, 북미, 호주, 일본 등지에서 여전히 활동을 활발하게 전개하는 해외 동포들의 운동도 예전에는 찾아보기 힘든 사례다.

여기에 2014년 '세월호참사국민대책회의'로 결집되어 있던 시민사회단체들도 함께한다. 이들은 운동의 안내자로서 집행과 조직 동원을 책임지는 역할을 맡아서 활동을 하는데, 시간이 흐를수록 자기 단체

고유의 의제와 활동으로 옮겨가는 경향성이 짙다. 종교계, 문화예술계, 미디어활동가들, 의료인들도 4·16연대에 참여한다.

이처럼 피해자 및 가족, 시민, 시민사회단체의 3주체가 만나서 융합하는 조직이 4·16연대다.● 4·16연대는 수직적인 조직이 아니라 수평적인 네트워크를 지향한다. 크고 작은 단위들이 서로 연결되어 소통하고, 그런 소통망들이 중심을 이루고, 그 중심들이 다시 엮여서 전국, 해외까지 포함되는 온라인, 오프라인 연결망을 형성해가도록 한다. 3주체의 융합을 위해서는 목표에 대한 일치된 인식이 확보되어야 하고, 이를 기반으로 훈련된 활동가들이 각각의 단위들에서 지속적인 교육과 조직 활동을 해나가야 한다. 3년차를 맞는 4·16연대는 이와 같은 조직상을 형성해 가는 중에 있다.

아울러 416운동의 주체들을 결집시키기 위한 운동체들도 준비되고 있다. '안전사회시민네트워크 준비위원회'가 결성되어 활동 중이다.

● 2016년 3월 현재 전국에서 약 90개 지역이 4·16연대와 연결되어 활동하고 있다. 지역마다 편차가 커서 광역단위의 대책위를 중심으로 활동하는 지역도 있고, 시군구 단위로 활동하는 단위도 있으며, 마을 단위로 움직이는 곳도 있다. 이들은 매일, 매주, 매월 간격으로 지속적인 활동을 벌인다. 하지만 아직 4·16연대와 관계 맺기를 거부하면서 독자적인 활동을 전개하는 곳도 여러 군데 있다.
부문 단위의 연대체도 4·16연대 산하에 구성되고 있다. 대표적으로는 4·16세대의 주역인 청년들의 조직인 4·16대학생연대가 80여 개 대학에 연결망을 갖고 활동 중이다. 미디어활동가들은 이미 4·16연대 산하의 미디어위원회로 활동을 전개하고 있다. 광화문의 서명지기들, 노란리본공작소의 시민 등은 광화문위원회를 구성해서 활동하고 있다. 미수습자 문제를 해결하기 위한 인양수습위원회도 꾸준히 활동을 하고 있다. 전국에 노란리본공작소들이 속속 만들어져서 지역사회 416운동의 거점들을 형성하고 있는 일도 고무적이다.

"위험사회를 넘어 안전사회로"라는 모토를 내걸고 본격적인 창립을 준비하고 있는데, 이 네트워크의 목표는 "생명존중, 인간존엄"의 사회까지를 내다본다. 피해당사자인 가족들과 시민들이 함께 만드는 416재단도 준비 중에 있다. 416재단은 안산에 마련될 '416안전공원'을 운영하면서 416운동을 지원하는 역할을 하게 될 것으로 보인다.

이와 함께 세월호특별조사위원회가 강제로 해산된 뒤에 국민들과 함께 진상 규명 운동을 이어가겠다는 포부로 결성되는 '국민진상조사위원회'도 조직형태를 갖추고 활동에 들어갔다. 아마도 이 위원회는 지금까지의 진상 규명 결과 및 관련 과제들을 제시하면서 새로운 특별조사위원회를 추동해 갈 것으로 보인다. 2기 특별조사위원회를 구성하기 위한 특별법이 현재 국회에 계류 중인데, 2017년 하반기에는 국회에서 통과되고, 내년에는 다시 특별조사위원회가 활동할 것으로 전망된다. 2017년 상반기에는 세월호 선체 인양 이후 미수습자의 수습과 선체 조사, 선체 보존 계획을 수립할 다른 조사위원회도 구성되어 활동할 것으로 보인다. 한사코 이 정부가 가로막으려 했던 진상 규명 활동도 잠시 중단되기는 했어도 다시 이어지게 될 전망이다.

이처럼 416운동은 다양한 그룹을 형성하면서 발전하고 있다. 앞으로 이런 주체들과 운동 단위들이 장기적 목표를 공유하면서 전략적인 발전 방향을 공동으로 만들어가는 일이 중요하게 대두될 것으로 보인다.

3. 2017년의 416운동

세월호참사 3주기인 올해는 세월호참사와 관련된 다양한 상황들이 전개될 것이 예상되고 있다. 올해 가장 주목해야 할 일은 단연 세월호의 인양과 수습이다. 정부는 지난해 6월에 세월호를 인양하겠다고 계획을 발표했지만 어처구니없는 이유들을 들어서 몇 차례 연기한 끝에 인양을 올해로 넘겼다.

세월호가 인양되어야 할 이유는 크게 세 가지로 정리할 수 있다. 먼저, 아직 돌아오지 못한 미수습자들을 수습하기 위함이다. 2014년 11월 수중수색작업이 중단된 이후 9명의 미수습자들이 있고, 미수습자 가족들이 아직도 팽목항에서 그들이 돌아오기를 기다리고 있다. 세월호 선체에서 그들을 수습해내는 일이 급선무다. 그와 아울러 이미 수습된 이들의 시신의 일부와 함께 유품들도 정리해서 유가족들에게 돌려주어야 마땅하다. 두 번째로는 세월호 선체 자체가 진상 규명을 위한 증거이기 때문이다. 지금까지 세월호 침몰 원인에 대한 여러 가지 추정들이 있었고, 시뮬레이션이 있었지만 그것은 모두 가상의 값을 대입하여 얻어낸 결과들이다. 실제 선체가 어떤 충격을 받았는지, 엔진이나 기관의 이상은 없었는지 등을 밝히기 위해서는 선체를 정밀하게 조사해야 한다. 셋째, 재난참사와 관련한 중요한 교육 자료이기 때문이다. 정부는 세월호를 인양 뒤에 쪼개어 없애려고 하는 의중을 은

연중에 비춰왔다. 지금까지 참사의 교훈은 뒤로 미루고 감추려고만 했던 다른 사례들처럼 사람들의 기억 속에서 세월호를 지우기 위해서 선체를 없애고자 할 것이지만, 세월호 그 자체가 세월호참사를 기억하게 하고 다시는 그런 비극을 반복하지 않아야 한다는 교훈을 되새겨야 한다.

마침 국회에서 세월호 선체 인양 이후의 수습과 조사를 위한 특별법이 제정되고, 선체조사특별위원회가 이 법에 따라서 구성될 전망이어서 다행이 아닐 수 없다. 세월호참사 특별조사위원회가 강제 해산된 뒤에 선체를 조사할 주체가 마련된다는 의미라서 그렇다. 하지만 수습과 선체 조사, 선체 보존을 위한 노력을 특별법에 따라서 세워지는 조사위원회에만 맡겨둘 수는 없다. 각계각층이 참여하는 감시 운동이 필요하다. 몇 개월이 걸릴지 1년이 넘게 걸릴지 모르는 기간 동안 지치지 않고 세월호를 지켜내야 하는 상황이 올 것이다.

또한 올해는 희생자들을 추모하고, 안전문화를 확산하기 위한 '416 안전공원' 부지를 안산시에 정해야 하는 시기이다. 안산시는 이를 위해서 주민들의 의견을 청취하고 있다. 상반기 안에 안전공원 부지가 선정되면 향후 공원에 대한 설계 공모가 이어지고, 그런 뒤에 안산에 안전공원이 마련되게 된다. 물론 안전공원이 완공되기까지는 시간이 걸리겠지만, 공원 부지의 선정으로부터 추모사업이 본격화된다는 점에 유의해야 한다. 이와 함께 세월호를 인양하여 미수습자 등을 수습하고 나면 정부 차원의 합동영결식도 치르게 된다.

그리고 무엇보다 헌재에서 탄핵이 결정되면 곧바로 대선을 맞게 되는데, 바로 그 대선 기간이 4·16 3주기 주간과 겹치게 된다. 대선에서 416운동의 목표에 맞는 공약들을 대선후보들로부터 끌어내고, 416운동이 만들고자 하는 세상에 대한 비전을 국민들에게 제시하고 이런 비전들을 공유하게 하는 것도 중요한 과제로 등장하게 된다.

하반기에는 다시 세월호 진상 규명 특별법 제정 운동을 벌여 나가야 하는 때다. 그래야 하반기 국회에서 특별법이 제정되거나 개정되어서 내년부터 세월호특별조사위원회 활동이 재개될 수 있다.

이처럼 복잡하게 전개될 올해의 상황에서 놓치지 말아야 할 일은 416운동 주체의 강화다. 올해 만들어지는 416재단도 다양한 주체들의 참여를 전제로 하고 있고, 안전사회시민네트워크도 시민들의 자발적인 참여 없이는 불가능하다. 지금까지 시민들은 자발적으로 움직여왔고, 행동했다. '가만히 있지 않겠다'는 약속을 실천한 시민들과 함께 416운동이 나가야 할 방향을 보다 넓게 공유하고 연결하는 일이 중요하다. 네트워크는 고립되어 있으면 힘이 없지만, 연결될 때는 강력한 힘을 발휘한다. 이런 네트워크를 구성해내고 강화하는 일을 한 단계 발전시키는 과제는 언제고 지속적으로 추구해야 하는 과제다. 이를 통해 새로운 동력들을 만들고 강화한다면 우리는 '잊지 않겠다'는 약속을 실천하면서 다른 세상을 만들어가는 길을 열어가게 되지 않을까 싶다.

조기 대선에 의해서 야권의 대선 후보가 대통령이 되고, 새로운 정부가 들어설 가능성이 매우 큰 게 사실이다. 그렇지만 대통령이 바뀌고 새로운 정부가 들어선다고 해서 416운동의 목표가 쉽게 달성될 것으로 볼 수 없다. 세월호를 지우려는 세력은 쉽게 물러나거나 포기하지 않는다. 그런 세력들은 오랜 세월 동안 우리 사회 곳곳에 뿌리를 깊이 내려왔고, 광범하게 힘을 형성하고 있다. 그런 그들과의 대결은 쉽지 않다. 지금까지 해온 것 이상으로 더 많은 사람들의 관심과 참여 속에서, 그리고 행동 속에서만 가능할 것이다. 우리는 진상 규명, 책임자 처벌을 넘어서 안전사회, 그리고 생명이 존중되는 사회까지 그리며 가야 한다. 그래야 세월호에서 숨져간 그들의 목숨이 헛되지 않게 하는 것은 아닐까. 세월호로부터 눈 뜬 우리들이 만들어야 할 세상에 대한 전망들까지 나누는 그런 해가 되었으면 좋겠다.

차
례

아이들이 믿을 수 있는 어른, 그런 어른으로 살아야지요

학교와 거리에서 세월호를
기억하고 실천하는 선생님

김미경 · 강성규 씨

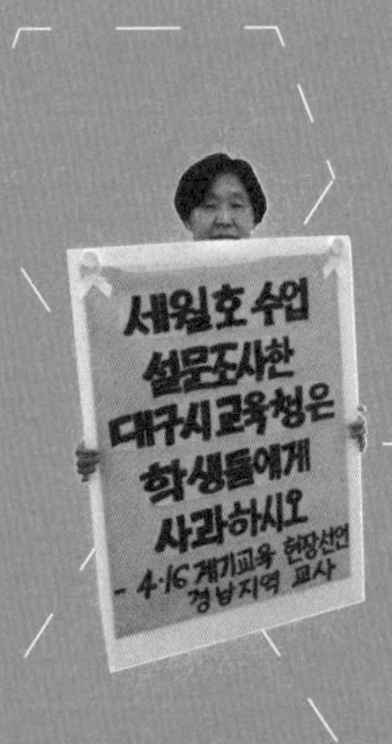
세월호 수업
설문조사한
대구시 교육청은
학생들에게
사과하시오
- 4·16 계기교육 현장선언
경남지역 교사

학교와 거리에서 세월호를 기억하고 실천하는 선생님

김미경·강성규 씨

세월호참사 2주기를 지내고 광주민주화운동 36주년을 앞둔 2016년 5월, 세월호 계기수업 교사선언에 참가한 김미경 선생님과 강성규 선생님을 만났다. 수업과 체육대회를 마치고 서둘러 인터뷰 자리에 오신 두 분과 반갑게 인사를 나누었다. 이때는 마침 대구시교육청이, 전교조에서 발행한 『기억과 진실을 향한 416 교과서』로 세월호 계기수업을 했다는 이유로 해당 교사를 조사하고, 그것도 모자라 장학사 십여 명을 학교로 보내는 등 전교조와 세월호 계기수업을 한참 탄압하고 있던 시기였다.

거창중학교에서 사회 과목을 가르치고 있는 김미경 선생님은 대구 달서구 세월호 촛불들 사이에서는 '왕언니'로 불리며 누구보다 헌신

적으로 세월호 진상 규명 활동에 앞장서고 있다. 세월호참사가 일어나고 얼마 되지 않아 김미경 선생님은 대자보를 직접 쓰고, 자신이 사는 달서구의 수목원에서 세월호 서명을 받으며 노란 세월호 뱃지를 나눠주기 시작했다.

"저는 슬픈 일이 있으면 그냥 마음만 힘든 게 아니라 가슴이 빼근하게 아픕니다. 세월호참사가 일어나고 난 후 기사를 읽고 단원고 학생들이 바다에서 하나하나 올라오는 걸 보면서는 정말 여기, 가슴이 빠개지는 것처럼 아팠습니다. '사회 교사이자 세 아이의 엄마'라는 이름으로 대자보를 쓰고 박스를 들고 수목원에서 처음 서명을 받았습니다. 그렇게 혼자 시작하고 보니, 혼자 할 일이 아니라는 생각에 서명용지에 적힌 연락처로 전화해 김선우 상황실장을 소개받고 여러 분들을 만나면서 지금까지 함께 활동하고 있습니다."

'사회 교사이자 세 아이의 엄마'라는 이름으로
세월호 진상 규명을 촉구하는 대자보를 쓰고,
처음 서명을 받았어요

강성규 선생님은 세월호참사가 일어났을 때부터 세월호참사의 아픔을 함께 나누며 성서이마트 앞에서 서명을 받고, 전교조 대구지부 중등성서지회장과 세월호특별위원회의 위원을 맡아 가족간담회를 비롯한 여러 활동과 행사를 기획하고 진행해왔다.

“세월호참사가 있고 나서 얼마 되지 않아 대구백화점 앞에서 전교조가 주최한 집회가 있었어요. 그날 제가 사회를 보았는데, 마침 비가 억수같이 쏟아져서 참가한 교사들과 함께 무대 아래에 옹기종기 앉아 집회를 했습니다. 그때 그 자리가 꼭 팽목항 같다는 생각이 들었습니다. 그날 이후 주변 분들, 아이들과 함께 성서이마트 앞에서 서명을 받고 촛불을 들었지요. 당시에는 세월호참사에 대해 거리를 두고 볼 수 있는 마음의 여유를 가지기란 불가능했고, 정신없이 거리에 나가 뭐라도 해야 한다는 게 전부였던 것 같습니다.”

세월호참사에 대해 거리를 두고 보는
마음의 여유를 가지기란 불가능했습니다
정신없이 거리에 나가
뭐라도 해야 한다는 게 전부였습니다

강성규 선생님은 세월호 계기수업을 했다는 이유로 대구시교육청의 조사와 탄압을 받은 당사자이다. 우리는 이번 세월호 계기수업에 대한 교육청의 탄압에 대해 먼저 이야기를 나누었다.

“교육부에서 전교조가 만든 『기억과 진실을 향한 416 교과서』를 금지한다는 발표를 한 후에 전국 132명의 교사들이 세월호 계기수업을 적극적으로 하겠다는 선언을 했어요. 세월호 수업을 늘 해오던 저로서는 이번 기회에 분명하게 하는 게 당연하다는 생각을 했습니다. 또한 전교조 법외노조 탄압으로 손호만 지부장이 직권면직을 당하고, 이웃인 박영수 선생이 '한국사 교과서 국정화 저지 교사선언'을 했다는 이유로 징계를 당하고 있던 차라, 함께 비 맞아야겠다는 생각으로 선언에 참가했습니다.

그 선언 이후에 『한겨레』에 세월호 계기수업이 정당하다는 내용의 글을 기고했는데, 지면 발표 하루 전인 2016년 4월 18일에 교육청 조사를 받았습니다."

세월호 계기수업이 교육청의 조사를 받을 일인가요?

지난 5월 11일 수요일 아침, 대구시교육청 장학사 열세 명이 호산고를 찾아와 강성규 선생님의 수업을 들은 11개 학급 학생 전원을 대상으로 수업에 대한 설문조사를 진행했다. 총 11개 문항으로 구성된 설문지는 "세월호와 관련하여 수업을 할 것이라는 사실을 수업 전에 동의를 구했나요? 세월호와 관련한 수업에 동의를 했나요? 세월호 관련 수업 중에 했던 활동은 어떤 것이 있나요? 세월호 관련 수업으로 어떤 생각 또는 느낌을 가졌는지 써 보세요" 등의 내용을 담고 있었다.

1. 세월호참사 800일을 맞아, 대구백화점 앞에서 동료 교사들과 함께한 강성규 선생님.
2. 세월호 계기수업을 탄압하는 대구시교육청에 항의하는 기자회견을 열고 있는 교사들.
3. 대구 성서 이마트 앞 촛불집회에서 동료 교사, 제자와 함께 피켓을 들고 있는 모습.

이 과정에서 시교육청은 작성자의 정보와 응답 내용을 보호하겠다면서도 설문지 끝에 수업을 들을 당시 자신이 속한 모둠 이름과 인원 등을 모두 적게 했고, 당사자인 강성규 선생님에게는 열람만 가능하다며 설문지를 주지 않기도 했다.

"학생들에게 설문을 하겠다고 시교육청에서 학교에 요청을 했는데 2학년 학년부장과 담임선생님들이 모두 거부를 하자, 장학사들이 직접 설문을 하러 왔다고 합니다. 설문조사 마치고 아이들을 만났는데 아이들이 퉁퉁대면서 난리인 거예요. '선생님, 문제가 이상해요. 선생님이 수업하는데 왜 학생들 동의를 구하냐고 물어요? 고등학생을 뭘로 보고 이런 걸 묻나 몰라요' 이러기도 하고, 무섭고 긴장됐다는 말도 하구요. 어떤 녀석들은 쪼르르 달려와서 '선생님, 파이팅!' 이러고 가기도 했지요."

스승의날과 교육민주화선언, 전교조 창립의 역사가 들어 있는 5월은 어느 때보다 선생님들을 인터뷰하기에 좋은 달이다. 그런데 박근혜 정부가 들어선 이후 전교조는 법외노조 탄압에 계속 시달렸으며 한국사 교과서 국정화 문제, 세월호 문제 등을 거치며 2016년 5월에는 '징계 천국'의 수모를 겪고 있다. 이런 어려움 속에서도 두 선생님은 참 해맑고, 그래서 오히려 지치지도 물러서지도 않는 든든한 힘을 느끼게 한다.

응원해준 선생님들과 시민들께 고맙고,
제일 뿌듯한 건 저 스스로 학생들에게 떳떳하고,
그 후 학생들과의 관계가 더 좋아졌다는 겁니다

"설문을 거부하고 응원해 준 선생님들 마음도 고맙고, 제일 뿌듯한 건 제가 학생들에게 떳떳하고, 그 후 아이들과의 관계가 더 좋아졌다는 것입니다. 일상의 빠듯함과 세월호 활동 사이에서 갈등도 하고 학생부장 일로 정신없이 지냈는데, 이 일을 겪으며 이제 세월호 어머니들을 만나 덥석 손도 잡아드릴 수 있겠다 싶고, 제가 조금이라도 위로가 될 수 있겠다는 생각이 듭니다. 세월호 가족은 물론 징계받은 교사들과 똑같은 입장은 못 되더라도 한 발이라도 걸쳐보고 싶은 마음이었는데, 교육청 덕에 같은 입장이 됐다 싶기도 하구요. 주변 사람들에게 응원을 받으니 더 씩씩해지고 결의가 높아집니다. 선순환구조가 만들어지는구나 하는 생각이 들지요."

강성규 선생님에 대한 대구시교육청의 탄압이 알려지자 세월호참사대구시민대책위와 함께 활동해온 많은 시민들이 자발적으로 대구시교육청 앞을 찾아 항의 시위를 했고, 교육청 홈페이지에 징계를 중단하라는 글을 올렸다. 특히 우리 모두를 감동시켰던 것은 호산고 학생들의 글이 끊이지 않고 이어졌다는 사실이다. 그리고 이렇게 모인 마음들이, 『416 교과서』를 사용해 세월호 계기수업을 진행한 교사에 대해 조사와 징계 등 '엄정처벌'을 하겠다던 교육부와 시교육청을 주춤하게 만들었을 것이다.

교육청 홈페이지에
선생님에 대한 징계를 중단해 달라는
학생들의 글이 끊이지 않고 이어져

학생들의 수업권과 인권을 침해하면서까지 이런 무리한 일을 추진한 교육부와 대구시교육청에 대한 이야기들을 나누며, 김미경 선생님이 한 말씀이다.

"아이들 마음이 어땠을까 생각하면 너무 마음이 아픕니다. 설문지를 어쩔 수 없이 쓰면서 선생님에게 미안하고 죄 짓는 것 같은 아이들이 있었을 겁니다. 부모가 잘못한 데 대한 증거를 찾으려고 아이들을 찾아가 꼬치꼬치 캐묻고 답하라고 한 것과 무엇이 다릅니까? 속으로는 항의하고 싶으면서 실제로는 아무 말도 못 한 자괴감이 아이들의 내면에 있었을 겁니다. 그 아이들 마음을 다독여주는 것이 급선무라고 생각합니다."

학생들과 가까이에서 마음을 나누어 본 선생님으로서, 또 아이를 키워 본 엄마로서 아이들의 아픈 마음을 제일 먼저 헤아리고 걱정하는 선생님의 말씀에 저절로 고개가 끄덕여졌다. 강성규 선생님도 수업에 들어가서 제일 먼저 아이들한테 "고생했다. 고맙다"는 이야기를 해주었다고 한다.

"도덕을 가르치면서 '어릴 때 지나치게 순종적인 자식이 어른이 되어 불효자가 된다'는 어느 성인의 말을 아이들한테 들려준 적이 있습니다. 어릴 때는 말 잘 듣는 자식이 효자인 것 같지만, 스스로 주체적인 인간이 되지 않으면 갈수록 부모에게 큰 불효를 짓게 된다는 이야기입니다.

세월호참사가 일어난 후에 교사로서 제일 먼저 한 일은 제가 가르치는 아이들에게 사과하는 것이었습니다. 그동안 학교에서 아이들에게 '가만 있으라'는 말을 정말 많이 했거든요. 그래서 아이들에게 사과하고, 이후에 언제라도 선생님이 잘못 하는 게 있으면 말하고, 선생님에게 대들라고 했습니다. 아이들에게서 제일 많이 배우고 기쁨을 느낍니다. 그런 아이들이 제일 두렵기 때문에 아이들 앞에서 양심을 지키려고 합니다."

세월호참사가 일어난 후 교사로서 제일 먼저 한 일은
제가 가르치는 아이들에게 사과하는 것이었습니다

김미경 선생님은 학생들과의 일화를 소개해 주었다.

만화 동아리 학생들을 데리고 부산 행사에 참가했는데, 학생들이 두 군데로 나뉘어 줄을 서게 되었다고 한다. 줄이 하도 길어서 김미경 선생님이 "우리는 일행이니까 저 뒤에 있는 형들을 앞으로 오게 하자"고 했더니, 아이들 말이 "쌤, 그건 매너가 아니잖아요"라고 했다는 것. 그 말에 "그래, 너네들 말이 맞다"고 했다며, 아이들한테 배우며 산다는 이야기를 한껏 웃으며 하신다.

또, 세월호참사 2주기 대구시민문화제 때 봉사 활동을 하러 오겠다는 제자에게 봉사 활동 하면 받을 수 있는 점수를 알아봐주겠다고 했단다. 그랬더니 제자가, 그러면 봉사 점수 따려고 일을 돕는 것처럼 오해 받을 수 있다고 그냥 봉사만 하겠다고 했다 한다. 선생님은 그 마음이 대견하고 고마웠다며 제자 자랑을 기분 좋게 하셨다.

아이들이 믿을 수 있는 어른,
그런 어른으로 살아야지요

인터뷰를 마무리하며, 두 분께 마지막으로 하고 싶은 말씀을 여쭈었다.

"교육청 조사를 겪고 나서 아이들한테 고맙다는 말과 미안하다는 말을 하니, 아이들 몇 명이 '선생님, 우리는 겪지 않아야 할 일을 겪었어요. 그렇지만 앞으로도 이런 수업 절대로 접으시면 안 돼요'라고 큰 소리로 말해 주었습니다. 대구시교육청 홈페이지에 아이들이 올린 글을 읽으며 정말 가슴이 뭉클했고, 내가 교사로서 잘못 살지 않았다는 생각이 들었습니다. 아이들이 쓴 글 중에서 가장 기억에 남는 글이 있어요. '믿을 수 있는 어른이 한 명 생겨서 너무 좋다. 감사하다'는 내용이었습니다. 그런 어른으로 살아야지요."

강성규 선생님에 이어 김미경 선생님의 이야기다.

"세월호는 우리 사회의 모든 문제가 다 얽혀 있는 문제입니다. 어디든 하나를 잡고 당기면 정치·경제 등 온갖 비리가 다 줄줄줄 딸려 올 거라고 생각합니다. 저는 세월호 활동을 시작하며 '이제 나이도 들었고 자식들도 다 키웠으니, 이 일을 하다가 감옥도 가야 한다면 가보자, 가야지' 하는 마음으로 시작했습니다. 아무 걸릴 것 없는 우리 나이가 사회를 위해 일하기로 마음먹으면 뭐든지 할 수 있는 나이입니다. 교장 선생님이 '나이 들어서 힘들게 왜 그러냐?'고 하시길래, '나이 들어서 걸리적거릴 것 없는 내가 해야지, 누가 하겠습니까?' 하고 대답했어요.

아이들은 항상 변화합니다. 어느 순간 잘못을 저질렀다고 그 잘못으로 그 아이들의 미래까지 단정해서는 안 됩니다. 학교 현장에서 교사로서 내가 학생들에게 가르치는 것보다 아이들에게서 깨닫고 배우는 것이 더 많다는 것, 교직 생활 30년이 지나며 새삼 뼈저리게 느끼는

1. 달서구 상인동에서 세월호 홍보 활동을 하고 있는 김미경 선생님의 모습.
2. 김미경 선생님은 "앞으로 내 남은 생은 세월호 싸움에 건다"는 말로 후배들을 감동시키고 긴장(?)시킨 분이기도 하다.
3. 세월호 특별법 제정을 위해 동조 단식 중인 김미경 선생님.

진실입니다. 잘못된 아이들은 없습니다. 어른들이 잘못해서 아이들을 잘못에 이르게 합니다. 세월호참사도 마찬가지입니다. 어른들의 잘못으로 꽃다운 아이들을 하늘나라로 보내고 말았습니다. 우리의 미래요 희망인 아이들이 결단코 생명의 위협을 받아서는 안 됩니다.

내 가족, 내 아이만 챙겨서는 안 됩니다
공정하고 안전한 사회를 만들기 위해
참여하고 행동해야만 합니다

아이들이 건강한 몸과 마음으로 살아가며 마음껏 꿈을 펼칠 수 있도록 해 주는 것이 우리 어른들의 할 일입니다. 그러자면 내 가족, 내 아이만 챙겨서는 안 됩니다. 공정하고 안전한 사회를 만들기 위해 참여하고 행동해야만 합니다. 잘못된 일이 생기지 않도록 사전에 미리 끊임없이 들여다보고, 감시하고, 돌아보아야 합니다. 그래도 혹시나 잘못된 일이 생기면 가만히 있어서는 안 됩니다. 그 잘못의 근원을 파헤쳐서 책임자에게는 그에 해당하는 벌을 주고 고쳐 나가서, 다시는 그런 잘못이 되풀이되지 않도록 해야 합니다. 우리 모두의 아이들을 지켜줄 수 없는 사회는 결국 내 아이의 생명과 안전도 지켜줄 수 없음을 깨달아야 합니다.

멋도 부리고 하고 싶은 일도 많았을 아이들이 스무 살도 못 되어보고 참사로 목숨을 잃었습니다. 이제부터 남은 내 인생은 덤이라는 마음으로, 세월호참사 이후에 새로운 인생을 살고 있습니다."

이제부터 남은 인생은 덤이라는 마음으로,
세월호참사 이후에
새로운 인생을 살고 있습니다

가슴 아프지만 따뜻하다. 우리 선생님들이 참 좋다. 하늘에 별이 된 단원고 학생들에게도 이런 선생님이 계셨기를 빌어본다. 그리고 아이들과 함께 별이 된 단원고 선생님들 이름도 속으로 불러본다. 기간제를 이유로 순직 인정을 받지 못하고 있는 김초원, 이지혜 선생님. 지금도 팽목 바다에서 제자들과 함께 올라오지 못하고 있는 고창석, 양승진 선생님, 그리고 여러 선생님들, 무수한 희생자들.

곧 서른여섯 돌을 맞는 광주 망월동 구묘지에는 1980년 5·18 민주화운동 당시 행방불명된 채 아직 시신을 찾지 못한 분들의 영정이 묘지 옆에 따로 모셔져 있다. 거기에는 빛바랜 얼굴들, 열사들의 어린 시절 모습들이 들어 있다.

그로부터 삼십여 년 세월이 흐른 오늘, 팽목에 아홉 명 미수습자의 얼굴이 담긴 현수막이 바람에 펄럭인다. 그리고 세월호참사로 자식을 잃은 어머니의 눈물과 통곡, 절규를 다시 듣고 있다.

잊을 수도 없고, 묻을 수도 없는 일이다. 세월호참사를 비롯한 우리 사회의 여러 문제들을 겪으며 국민들은 이제 더 이상 나쁜 나라를 참지도, 용서하지도 않겠다고 나서고 있다. 시민들이, 활동가들이, 세월호참사 가족들이 아직도 싸우고 있다. 미수습자 수습과 세월호 인양, 참사의 진상 규명과 처벌, 그리고 안전하고 정의로운 나라를 만드는 일에 자신이 내어놓을 수 있는 것들을 내어놓으면서 우리는 나아가고 있다. 서로의 손을 꼭 잡고.

시간이 걸리더라도 진실이 이긴다고 생각합니다

단원고 2학년 3반 어머니

박혜영 · 박은희 · 박유신 씨

경찰
POLICE

단원고 2학년 3반 어머니

박혜영 · 박은희 · 박유신 씨

세월호 유가족 부모님들과의 인터뷰 날짜를 잡을 때만 해도 이런 정국이 될지 미처 몰랐다. 박근혜 최순실 게이트가 터지고, 온 국민들이 주말마다 거리에 몰려 나와 대통령의 즉각 퇴진과 구속 수사를 외치고 있는 가운데, 세월호참사 당시 대통령의 7시간이 정국의 핵심으로 떠올랐다. 지금 이 순간도 탄핵 사유를 두고 세월호 7시간을 어떻게든 모면해 보려는 새누리당 의원들이 발버둥을 친다. 국민의 소리에 애초에 귀를 닫은 대통령은 탄핵이 결정 나더라도 자기 갈 길을 가겠다는 둥, 여전히 사람이라면 하지 못할 소리들을 내뱉고 있다.

이러한 가운데 만난 단원고 2학년 3반 최윤민 학생의 어머니 박혜영 씨, 유예은 학생의 어머니 박은희 씨, 정예진 학생의 어머니 박유신 씨는 세월호참사가 일어난 후 지금까지 진실을 밝히기 위한 자리마다 한결같이 계셨던 분들이다.

단원고등학교 2학년 3반 부모님들이 대구에 처음 오신 것은 2014년 여름 세월호특별법 제정 서명을 받기 위해 유가족들이 전국을 다닐 때였다. 그 여름, 부모님들은 희생된 2학년 3반 학생들의 이름이 빼곡히 박힌 숫자 '3'이 적힌 티셔츠를 입고 대구에 오셨다. 세월호참사 대구시민대책위원회 활동가들이 지키고 선 서명판 옆에서 피켓을 들고 서 계시다가 후두둑 눈물을 흘리던 어머님들의 모습이 그날 많은 이들의 가슴에 남아 있다.

세상에서 가장 슬픈 숫자 '3',
희생된 2학년 3반 학생들의 이름이 빼곡히 적힌
티셔츠를 입고 대구에 오신 어머니들

이후 여러 간담회와 활동이 있을 때마다 3반 부모님들이 대구에 오셨고, 대구에서도 안산합동분향소와 광화문 집회에 참가할 때마다 부모님들을 찾아뵈었다. 그렇게 함께 아파하고, 함께 싸우면서 지내오는 동안 세 번의 봄과 여름, 겨울이 지나가고 이제 곧 1,000일이 된다.

반갑게 맞아주시는 어머니들과 함께 안산합동분향소 '기억의 방'에 둘러앉아 인터뷰를 시작하면서, 어머니들께 변화된 시국을 접하면서 드는 심경은 어떤지, 건강 등 근황은 어떤지를 먼저 물었다. 2학년 3반 반대표를 맡아 활동하는 윤민 어머니가 먼저 말씀해주셨다.

"세월호 진상 규명 활동을 함께한 주변 분들이 부모님들이 이만큼 버텨서 국민들이 이렇게 호응해주는 것이라는 이야기를 합니다. 이렇게 국민들이 우리 이야기에 동의해 거리에 나와 주는 것이 정말 고맙지요. 그런데 한편으로는 솔직히 서운한 마음도 있어요. 박근혜 대통령이 나쁘다는 것을 아는 데 이렇게 오랜 시간이 필요했나, 그런 생각이 들기도 합니다.

세월호의 진실이 국민들 힘으로 밝혀질 것 같아 기대하고 있지만 텔레비전에 다시 세월호 침몰 장면이 자꾸 나오는 것은 정말 괴로워요. 우리에게는 어쩔 수 없는 고문 같은 장면이거든요. 그래서 그런지 요즘 다시 불면증이 와서 새벽 서너 시가 되도록 잠을 못 이룹니다. 혼자 거실을 걸어다니고. 미국에 사는 세월호 활동가들과 쪽지를 주고받고 어떤 날은 멍하니 홈쇼핑 방송을 보고 앉아 있을 때도 있어요.

대통령 7시간에 대해 이야기하면서 프로포폴이니 어쩌니 하는 이야기들이 나오면 기가 막힙니다. 어쩌면 정말 저깟 일을 한다고 우리 애들 목숨을 구하지 않았나, 허망해집니다. 진실에 다가가고 있다는 것이 좋으면서도 정작 진실이 밝혀지면 우리 유가족들은 고통스러울 것 같아요. 그런 중에도 토요일만 되면 광화문에 갑니다. 심하게 아팠던 날 한 주를 빼고 다 참석했어요. 가지 않으면 안 될 것 같거든요."

윤민 어머니의 불면증 이야기에 이어 예은 어머니도 "영상을 자꾸 봐서 그런지 요즘 들어 예은이가 꿈에 더 자주 찾아온다. 그런데 이상하게 예은이가 힘이 없어 보여 안타깝다"는 이야기로 말문을 열었다.

그동안 외로운 싸움이었다면
이제는 국민과 함께 싸울 수 있는 상황이 되었잖아요
국민 모두가 대통령의 7시간을 이야기하고 있어요

"이제부터 정말 제대로 시작이라는 생각을 합니다. 그동안 우리 가족들과 몇몇 분들의 외로운 싸움이었다면 이제는 국민과 함께 싸울 수 있는 상황이 되었잖아요. 참사 당시에는 유가족이 대통령 7시간을 이야기하면 마치 범죄자 취급을 당했어요. 이제는 국민 모두가 대통령의 7시간을 이야기하고 있어요. 활동에 관심을 보이지 않던 부모님들이 연락을 하시고, 광화문 집회 참가자에게 간식비라도 보태겠다는 말씀들을 하세요. 지난주에는 예은이 할아버지가 처음으로 집회에 참가를 하셨어요. 이 기회를 놓친다면 또 몇 년을 아니 수십 년을 기다려야 할지도 모른다는 생각을 하면 저절로 열심히 움직이게 됩니다."

5주째 한 번도 안 빠지고 광화문 집회에 참석하고 있는 예진 어머니은 지난 11월 12일 광화문 집회에 참석하고 발을 헛디뎌 아직 움직임이 수월하지 않다. 예진 어머니도 윤민 어머니처럼 순간적으로 서운한 마음이 들 때가 있다고 한다.

"요즘 광화문 집회는 정말 양반이잖아요. 지난 2년 넘도록 우리 부모들을 생각하면, 정말 너덜너덜해질 때까지 싸웠어요. 경찰들도 마찬가지구요. 그랬으니 진작 좀 나서주셨으면 얼마나 좋았을까 하는 마음이 들기도 하지요. 그래도 박근혜 게이트가 터지고 우리 아이들 진실을 밝히는 게 몇 년이라도 당겨질 것 같아서 요즘 저는 좋아요. 그리고 일부러 저 스스로에게, 가족들에게 '참 고생했다, 지금까지 버텼으니 국민들이 알아주는 거야. 대단해!'라고 말해줍니다."

저 스스로에게, 가족들에게 말해줍니다
참 고생했다, 지금까지 버텼으니
국민들이 알아주는 거야, 대단해! 라고

세 어머니들은 온 가족들이 함께 활동하고 있다. 윤민 어머니 가족은 자매들, 예은 어머니네는 큰딸 하은이는 물론 할머니와 이모까지 열심히 활동을 하고 있고, 예진이네는 예진이 동생 의찬이가 처음으로 지난 집회에 참가했다고 한다.

딸들을 항상 보호해야 한다는 생각으로 지내온 윤민 어머니는 요즘도 딸들에게 보호복처럼 노란 옷을 입혀서 집회에 간다. 큰딸 윤아가

강인해서 든든하다는 말씀을 하셨다.

예은 어머니는 언젠가 한번 가족 대열에서 떨어진 적이 있었는데, 그 뒤로는 하은이가 자꾸 맨 앞에서 행진하자고 한단다. 부모가 아이들에게 등을 보여서는 안 된다는 생각으로 두 팔을 벌려 아이들을 챙겨 왔는데, 이제는 애들이 너무 빨리 달려서 막 쫓아간다는 말씀을 하면서 웃으신다.

예진 어머니는 이번에 처음으로 의찬이와 함께 집회에 참가하면서 걱정도 되고 마음이 쓰였는데, 의찬이가 집회 물품과 도시락을 준비한 무거운 가방도 메고, 엄마가 행진대열에서 떨어질까 봐 연신 돌아보며 오히려 엄마를 챙기더라는 자랑을 한다. 그리고 의찬이가 구호도 잘 외치더라며, 아마 제 마음도 좀 풀렸을 것 같다는 이야기를 잊지 않고 한다.

촛불집회에 가고 싶어 했던 예은이
예은이만 없는 2016년 광화문

엄마들은 역시 아이 이야기를 하면서 제일 많이 웃는다. 그동안 아픈 속내를 잘 보이지 않았고, 쫓아다니는 부모들 형편에 제대로 돌보지 못한 자녀들이 마음 아팠던 어머니들이 이제야 웃으신다.

어떤 집은 이번에 아이들이 집회에 가자고 해서 부모들이 함께 왔다는 이야기, 요즘 청소년들은 집회에 참가하는 게 개념 있는 행동이라며 학교에서 서로 자랑을 한다는 이야기, 젊은 청년들이나 가족들이 광화문에 오면 꼭 인증샷을 찍고 가더라는 이야기, 가족들이 손수 만든 피켓을 들고 행진하는 모습을 보면 가방에 든 것 뭐든지 꺼내서 주고 싶다는 이야기까지. 어머니들의 이야기는 끊이지 않았다. 그리고 가슴에 맺힐 또 하나의 이야기를 예은 어머니가 하셨다.

"우리 예은이가 촛불집회에 많이 가고 싶어 했는데, 살아 있을 때 데리고 가지를 못했어요. 그런 줄 몰랐는데 예은이가 개념 있는 발언을 한 연예인도 좋아하고 그랬더라구요. 요즘 집회에 가족들이 다 참가하면서 그런 생각이 들 때가 있죠. '우리 예은이만 여기 없구나' 하는 생각."

예은 어머니가 "돌아오는 토요일 집회 때 다시 한번 가족들이 구명조끼를 입고 행진하자"는 말씀을 하신다. 반대표들이 모여서 한 회의에서는 아이들 얼굴이 그려진 노란 망토를 둘러쓰고 청와대 앞 청운동 동사무소까지 행진하는 것으로 결정했다는 윤민 어머니의 설명이 이어졌다. 조심스레 예은 어머니께 구명조끼를 꼭 입고 행진하자는 건 어떤 마음인지를 여쭈었다.

"대통령이고 정치인이고 너무 정신을 못 차리니까, 그렇게라도 해서 알려주고 싶어요. 지금 정부나 대통령이 담화문 발표하고 행동하는 걸 보면, 사람이 304명이나 죽었는데 마치 자기들은 아무런 잘못이 없다는 것처럼 움직여요. 그리고 아까도 말했지만 예은이가 힘없는 모습으로 꿈에 자꾸 나타나니까 속이 상합니다. 예은이 마음으로 그 사람들한테 구명조끼 입고 가서 따지고 싶어요. 그렇게 해서라도 알려주고 싶어요. 애들이 지금 살아와서 그렇게 따질 수는 없으니까, 내 몸을 통해서라도 이야기하고 싶어요. 구명조끼를 입고 예은이가 되어서 알리고, 말하고 싶어요."

아이들이 살아와서 따질 수는 없으니까,
내가 구명조끼를 입고 예은이가 되어서
따지고, 알리고 싶어요

말씀은 강하게 하셨지만 예은 어머니도 어느 날 집회에서 구명조끼를 입고 참가한 시민을 보고는 놀라서 숨기부터 했다고 한다. 자식을 잃은 부모라면 누구나 마찬가지일 텐데 힘들지만 조금이라도 더 박차를 가해서 진실을 밝힐 수 있도록 해야 한다며 이야기를 나누는 어머니들을 보며, 지난 2년 넘는 시간 동안 삭발을 하고, 한뎃잠을 자고, 아이들 영정을 들고 거리를 걷던 부모님들 모습이 떠올랐다.

앞서 윤민 어머니의 불면증 이야기도 있었고, 단원고 부모님들이 공통적으로 기억력과 시력이 떨어지고, 이가 상하고, 골병이 들어간다

1. 대구 국채보상운동기념관 회의실에서 세월호특별법 제정을 호소하며 세월호참사대구시민대책위원회와 간담회 중인 단원고 2학년 3반 부모님들의 뒷모습.
2. 대구 동성로에서 세월호 서명운동에 함께하고 있는 예진 어머니.
3. '세월호특별법 가족 집중 서명'의 날에 동성로에서 단원고 부모님들과 함께.

던 이야기가 생각나 정말 어머니들 건강이 어떠신지를 여쭈었다.

시력은 물론이고 청력도 떨어진 것 같다는 예진 어머니, 알고 보면 모두 임플란트 이를 해넣었다는 윤민 어머니, 사람들이 하루에 기력의 반을 쓰며 산다면 자신은 90퍼센트를 쓰는지 자리에 누우면 기절하듯이 잠든다는 예은 어머니, 그리고 며칠씩 집회에 참가해도 괜찮더니 요즘은 하루만 집회에 참가하고 와도 부모들이 몸살을 앓는다는 이야기, 가슴에 억울한 게 쌓여 내려가지 않는다는 이야기들을 나누었다. 슬픈 이야기인데 어머니들은 웃으면서 서로 흉도 보면서 이야기하셨고, 우리는 그렇게 마음을 나누었다.

우리 부모들 마음이 점점 단단해지는 것 같아요
그동안 우리가 얼마나 얻어맞았나요?
지금은 누가 뭐라고 해도 상처받지 않아요
누가 막말하면 가서 싸워야지 그런 생각을 먼저 합니다

부모님들은 단단해지고 있었다. 지금 이 기회를 놓치면 진상 규명이 안 될 것 같아서 막 조바심이 나기도 한다는 예진 어머니의 말에 윤민 어머니가 말씀하셨다.

"그동안 너무 당한 게 많아서 그런가, 엄청 기대하지는 않아요. 정치인에 대한 불신이 워낙 커서, 아예 상처받을까 봐 '기대하지 말자,

기대하지 말자' 이렇게 스스로에게 주문을 걸기도 해요. 좋은 것만은 아니지만 우리 부모들 마음이 점점 단단해지는 것 같아요. 솔직히 2년 동안 우리가 얼마나 얻어맞았나요? 이번 과정에서 진실이 밝혀지지 않는 그런 일이 설령 생긴다 해도 우리는 완전히 무너지거나 하지는 않을 거예요. 지금은 나도 누가 뭐라고 해도 상처받지 않아요. 누가 막 말하면 막 가서 싸워야지 그런 생각을 먼저 합니다."

우리가 하는 일이 옳은 일이니까,
시간이 걸리더라도 이긴다, 진실이 이긴다
그렇게 생각하며 버텼어요

두 어머니가 '무한긍정맨'이라는 별명을 붙여준 예은 어머니의 이야기다.

"나는 반대로 '될 거다, 될 거다' 이렇게 생각하려고 해요. 그래야 내가 살 거 같으니까요. '우리가 이긴다, 국민이 이긴다, 진실이 이긴다' 하고 스스로에게 최면을 걸어요. 민주노총 활동가 한 분이 일전에 그런 말을 했어요. 저는 지난 한 달 동안도 울화통이 쌓이고 너무 힘들었는데 어머니들은 삼 년 동안 얼마나 힘드셨냐고. 이렇게까지 우리가 애를 썼는데 박근혜가 퇴진 안 하면 어떻게 하나 하는 불안한 마음이 하루 종일 든다고. 그래서 대답했어요. 우리도 그런 생각이 안 들었겠냐고. 그래도 삼 년 동안 버틴 건 우리가 하는 일이 옳은 일이니까, 결국 시간이 걸리더라도 이긴다, 그렇게 생각했기 때문이라고 대답해줬어요.

그리고 스스로에게도 말해줘야 해요. 밖에 있는 사람들하고 싸우는 것도 중요하지만, 내 안의 절망과 싸우는 것이 필요하다고 생각해요. 그동안, 2년 넘는 동안 대다수의 국민들이 침묵했지만 나는 속으로 계속 생각했어요. '이 사람들이 겉으로 드러나지 않지만, 땅 속에 있는 마그마와 같은 사람들이다. 어느 순간 한곳으로 모아져서 분출하는 시간이 있을 거다. 어느 때일지 내가 계산할 수는 없지만, 분명히 그렇게 될 것이다'라는 확신이 있었어요.

밖에 있는 사람들하고 싸우는 것도 중요하지만,
내 안의 절망과 싸우는 것이 필요하다고 생각해요

지금 그 마그마가 분출됐으니 잘 해야지요. 미리 걱정한다고 바뀌는 건 아니니, 나쁜 일이 벌어지기 전까지는 백 퍼센트 믿고 가야지요. 그렇게 했는데도 안 되면, 우리는 또 새로운 길을 나서면 되지요, 기쁘게! '어, 이 길이 아닌가 보다' 하고 새 길을 찾으면 된다, 이렇게 생각하고 여기까지 온 것 같아요."

인터뷰의 말미에 하신 이야기지만 예진 어머니의 이야기도 여기 옮긴다. 마치 두 언니들의 이야기에 답한 것처럼 이어졌던 이야기.

"참사가 일어나고 100일 됐을 때 광화문에서 가족들이 농성을 했었어요. 비가 오고 천둥 번개가 무섭게 친 날이 있었어요. 그날은 예진 아빠가 옆에 있었는데도 그렇게 무섭고 힘이 들었어요. 그날 이후 농성장에 한참을 못 나왔어요, 힘들어서. 나는 어른인데도 여기서 이렇게 무섭고 못 견디겠는데, 예진이는 얼마나 힘들었을까 싶은 마음이 들어 견디기가 힘들었어요.

지난 2년여 세월호 싸움이 시원하게 뚫고 나오지를 못했잖아요. 그때마다 힘이 들었지만, 100일 때보다는 힘들지 않았어요. 자꾸 내성이 생기는 것 같아요. 지금도 진상 규명이 꼭 이루어지기를 바라지만, 안 된다고 해서 힘들어 하기보다는 다른 방법을 찾을 거예요."

어머니들은 오랜 세월 세찬 비바람에 시달리고 돌에 패이면서 단단해진 나무 같았다. 그리고 그 나무들이 언니, 언니 하며 서로를 어루만지며 숲을 이루고 있는 것 같았다.

어머니들께 지난 2년을 돌아보며 가장 기억에 남거나 인상적인 것이 무엇인지 여쭈었다. 언제나 먼저 시원하게 답변하시는 윤민 어머니가 말문을 열었다.

"도보행진 해서 팽목 갔던 것, 국민들이 손 흔들어주고 화합해줬던

1. 안산 선부동 서명전 중인 예진 어머니.
2. 대구 동성로에서 세월호 가족 집중서명전에 참가한 윤민 어머니.
3. 일인시위를 하고 있는 예은 어머니.
4. 안산에서 열린 '세월호전국대학생워크샵'에 참가해 대학생들과 간담회 중인 세월호 가족들.

것, 그리고 미국에 다녀왔던 일들이 기억에 남고요, 그 과정에서 좋은 사람들 만난 게 제일 기억에 남지요. 여기 대구 분들은 물론 미국 사람들까지, 지금도 집회 같은 데서 만나면 '언니' 하고 부르는 사람들이 생겼어요. 내가 잃은 것도 많지만, 이 좋은 사람들을 만났구나, 이 사람들이 나한테 남았구나 하는 걸 알게 된 거죠.

내가 잃은 것도 많지만,
이 좋은 사람들을 만났구나,
이 사람들이 나한테 남았구나 하는 걸 알게 된 거죠

간담회 다니면서 그런 말 여러 번 했었는데, 내가 세월호 유가족이 아니었다면 이분들처럼 활동했을까, 그냥 다른 사람들이 당한 일이라면 아마 나는 이분들처럼 활동하지는 않았을거야, 그런데 이 사람들은 나보다도 더 열심히 뛰어주고 이렇게 좋은 사람들이 있었구나, 이런 걸 많이 느껴요. 정말 고마운 사람들이 많아요."

윤민 어머니의 말에 예은 어머니와 예진 어머니 두 분 다 고개를 끄덕였다. 예진 어머니가 덧붙였다.

"2014년에는 시민들이 박수쳐주고 대접해줄 때마다 머쓱하고 불편했어요. 자식 잃은 내가 이러고 다녀도 되나 하는 자책. 그런데 언젠가 예은 어머니가 '국민들이 해주시는 건 나한테 해주는 게 아니라 예진

이한테 해주는 거라고, 그러니 다 받으면 된다'고 말해줘서 크게 위로가 되었어요. 지금은 어디를 가도 먼저 박수쳐주고, 힘내라고 말해주시는 국민들이 제일 힘이 돼요."

마지막으로 '당신에게 하고 싶은 이야기'를 부탁드렸다. 어머니들이 각자 '당신'을 정하고, 그에게 하고 싶은 이야기가 있다면 우리 모두에게 들려달라고 했다.

세월호 가족들과 안산 시민들의 힘으로 안산을 세월호의 의미를 찾을 수 있는 장소로 만들었으면 좋겠어요

예은 어머니는 안산 시민들에게 이야기를 하셨다.

"저는 안산 시민들에게 이야기하고 싶어요. 합동분향소가 요즘 썰렁한 것 같아도, 한 주에 찾아오시는 분들이 적게는 200명에서 500명씩 됩니다. 전국에서는 물론 해외에서도 오세요. 세월호참사를 해결하는 문제는 이미 온 국민이 공감하는 문제고, 전 세계 사람들이 결과를 주시하는 일입니다. 세월호 가족들이 싸우고 버텨서 해결했다는 데서 그치지 않고, 안산 시민들이 살기 힘들고 팍팍한 중에도 안산을 세월호의 의미를 찾을 수 있는 장소로 남겼다는 말을 듣고 싶어요. 그렇게 하면 안산 시민들이 역사적으로 의미 있는 일을 했다는 것으로 기록에 남을 것이고, 그것은 영광이라고 생각해요. 안산 시민들이 그런 생각을 해주면 좋겠습니다."

세월호 추모공원을 세우려면 2016년에 부지 선정을 완료해야 한다. 가족들은 추모공원이라고 해서 추모하거나 슬퍼하는 공간에 머무르지 않고, 시민들이 쉬기도 하고 우리 사회의 안전을 위한 여러 교육과 문화 활동을 할 수 있는 곳으로 만들겠다는 계획을 세우고 주민들을 설득하고 있다. 유가족들이 밖으로는 박근혜 게이트를 해결하기 위한 활동에 앞장서면서 안으로는 추모공원 건립에 힘을 쏟고 있는 것이다.

이번에 우리가 잘해서 박근혜를 끌어내리면 국민들의 힘이 크게 발전하겠지요? 이겨보는 경험이 중요하잖아요

윤민 어머니가 이야기하고 싶은 대상은 대학생들이었다.

"세월호참사가 일어난 초기에는 대학생들보다 오히려 중고생들이 움직였어요. 대학생들은 스펙 쌓기에 바빴고, 사실 침묵했어요. 그랬던 대학생들이 이번에 이화여대부터 시작해서 시국선언도 하고, 정치와 사회문제에 관심을 가져주는 게 고마워요. 한편으로는 우리 부모들은 하는 것마다 막혔었는데 이화여대 학생들이 이기는 걸 보면서, 우리도 그런 경험이 있었으면 얼마나 좋을까 하는 생각을 했어요. 이번에 우리가 잘해서 박근혜를 끌어내리면 국민들의 힘이 크게 발전하겠지요? 이겨보는 경험이 중요하잖아요. 그래서 이번에는 정말 박근혜를 꼭 끌어내려야 한다고 생각해요. 자기 발로 내려오게 해서도 안 된다, 이렇게 국민들이 많이 모였을 때 무엇이든 하나라도 이루어내는 것이 아주 중요하다, 그걸 대학생들이 보여준 거지요."

예진 어머니는 같은 아픔을 겪고 있는 유가족들에게 말씀하셨다.

"어디 가서 잘 하지 못하는 얘기인데, 오늘은 꼭 하고 싶어요. 우리 유가족들이 무슨 집회 있으면 '짠' 하고 나타나는 것 같지만 사실은 안 그렇기도 해요. 아이를 잃은 250여 가족 중에 현재 활동에 참가하고 있는 부모들은 50 가족 정도가 다예요. 어찌 보면 늘 움직이는 가족들만 보여요. 다른 사안에 비하면 활동하는 분들이 많다고 하지만, 가족들이 더 많이 뭉쳐 있으면 얼마나 좋을까, 이런 이야기를 다른 가족들에게 꼭 하고 싶어요."

어머니들은 서로의 이야기에 정말 나도 그렇게 생각한다며 맞장구를 치고 자신의 이야기도 덧붙였다. 인터뷰를 마치고도 어머니들은 아이들이 좋아했던 드라마와 프로그램에 대한 이야기, 뽀샵을 잘 해준다고 소문 났던 사진관에 아이들이 몰려 갔더라는 이야기, 아이들

사진을 보고 또 보니 이전에 미처 못 봤던 것들이 보인다는 이야기들을 나누었다.

또, 늘 열심히 세월호 활동을 하는 대구 분들이 어머니들께는 자부심이기도 하다는 말씀, 대구에서 해달라는 건 뭐든지 하려고 하는데 부족해서 미안하다는 말씀도 하셨다.

이명박·박근혜 정권이 들어서면서 곳곳에서 사람들이 죽어 나가고, 싸워 왔다. 그 비명과 눈물, 땀과 싸움이 오늘 박근혜 정권의 퇴진을 외치는 수백만 국민들의 촛불로 타오르고 있다. 그 중에 '부모이기에 결코 포기할 수 없다'며 싸워 온 세월호참사 유가족들의 걸음과 피눈물이 함께하고 있음은 누구도 부인할 수 없을 것이다.

지난 12월 3일, 세월호참사 희생자들을 등에 태우고 하늘로 날아오르는 고래를 보며 우리는 모두 한 마리 고래가 되고 싶었다. 그리고 하늘에 별이 된 아이들이 그 고래를 보고 있기를, 우리의 촛불이 늦었지만 고래를 헤엄치게 하고, 아이들에게 가 닿기를 간절히 빌었다. 예은이도 예진이도, 윤민이도 부디 함께 보았기를.

적극적으로 실천하는
'세월호 세대'

세월호를 끝까지 잊지 않고 함께 행동할 거예요

이유정 · 정혜리 · 임나희 학생

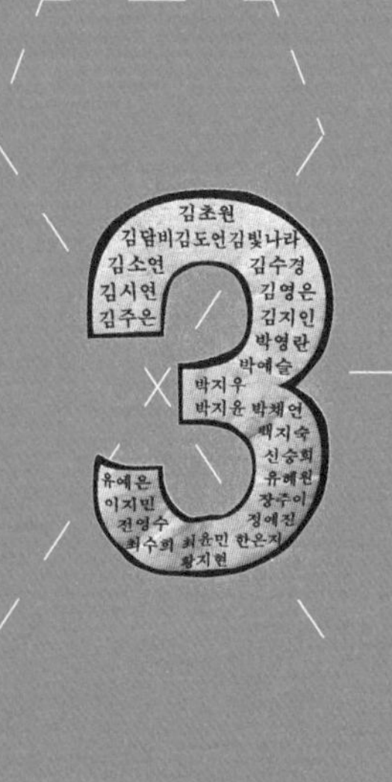
3
김초원
김담비
김도언
김빛나라
김소연
김수경
김시연
김영은
김주은
김지인
박영란
박예슬
박지우
박지윤
박채연
백지숙
신승희
유혜원
유예은
장주이
이지민
정예진
전영수
최수희
최윤민
한은지
황지현

적극적으로 실천하는 '세월호 세대'

이유정 · 정혜리 · 임나희 학생

이번 인터뷰를 하기 위해 가는 길은 다른 때와는 다른 설렘이 있었다. 그동안 인터뷰를 해오면서 꼭 만나고 싶었던 이들. '세월호 세대'라고 불리는 고등학생들을 직접 만난다는 기대. 그리고 잘할 수 있을까 하는 약간의 긴장감. 지하철을 타고 가면서 인터뷰 장면을 상상해 보기도 했다. 또 미리 생각한 질문이 청소년들에게 맞을지, 어떨지 고민이 되기도 한다.

지하철에서 내려 아파트를 통과해 학교 앞에 있는 빵과 음료를 파는 가게에 미리 도착했다. '우분트'라는 이름의 가게는 소소한 인테리어에 수업을 마친 여고생들의 웃음소리, 이야기 소리가 끊이지 않는 정겨운 곳이었다. 학생들이 좋아할 것 같은 메뉴판도 보고, 고소한 냄새를 맡으며 청소년들을 기다리는 사이 성산고 3학년 이유정, 정혜리 학생이 도착했다. 그리고 미리 와 있었는데 알아보지 못한 호산고 2학년 임나희 학생과 오늘 인터뷰 자리를 만들어주신 강성규 선생님을 만났다.

세월호참사를 주제로 청소년들이 직접 만들고 공연한 뮤지컬 〈지켜지지 못한 약속, 다녀오겠습니다〉

세월호참사가 났던 2014년에 고등학교 1학년이었던 이유정, 정혜리 학생은 이제 3학년으로 졸업을 앞두고 있었다. 2015년 2월 세월호참사를 주제로 연극을 했을 때와 별반 달라지지 않은 모습, 한참 만에 만났는데도 익숙한 반가움이 있었다.

뮤지컬 배우가 꿈이었던 이유정, 정혜리 학생과 고등학생 십여 명이 2014년 여름에 SNS를 통해 모였고, 이들은 세월호참사를 주제로 연극을 하기로 했다. 오로지 자신들의 힘으로 대본을 쓰고, 여기저기 연습실을 찾아다니며 연습을 했다. 선불 관람료를 모아 소극장을 대관하고, 처음 해보는 음향과 조명 기술도 배워서 2015년 2월에 세월호참사 상황을 주제로 한 뮤지컬 〈지켜지지 못한 약속, 다녀오겠습니다〉를 공연했다. 이어서 3월에 세월호참사대구시민대책위원회와 함께 대구에서 한 번, 여름에는 '꿈이룸학교'와 함께 서울에서 한 번 더 공연을 했다. 세월호참사로 자녀를 잃은 단원고 2학년 부모님들이 두 번의 공연을 함께 관람했다.

세월호 수업을 한 선생님을 응원하고 자신의 소신을 적극적으로 밝힌 호산고 학생들

임나희 학생은 강성규 선생님과의 특별한 인연이 계기가 되어 인터뷰에 참여하게 되었다.

2016년 4월 대구시교육청은 세월호 계기수업을 진행한 호산고 강성규 선생님의 수업을 문제 삼아 장학사 열한 명을 학교로 보내 학생들에게 설문조사를 하고 강성규 선생님에게는 경고처분을 했다. 교육청이 내세운 징계의 이유는 강성규 선생님이 전교조에서 만든 세월호 계기수업 교재를 사용했다는 것이다. 이 과정에서 교육청은 학생들을 아침 자습시간부터 찾아가 상황 설명이나 동의를 구하는 과정도 없이 설문조사를 강행했다.

이에 대해 누구보다도 먼저 대구시교육청의 부당함을 알리고 선생님의 정당함을 호소한 이들은 호산고 학생들이었다. 교육청 게시판에 글을 올리고, 선생님에게 힘내시라는 눈빛을 보내며 학생들은 강성규 선생님을 응원했다. 이때 임나희 학생은 적극적으로 언론사와 인터뷰를 하고, 자신의 소신을 밝힌 글을 언론에 기고하기도 했다.

다른 사람들이 세월호참사에 대해 어떤 생각을 갖고 있는지 듣고 싶어서 인터뷰 자리에 나왔다는 임나희 학생에게 당시의 이야기를 좀 더 자세히 들었다.

대구교육청 설문은 마치 선생님이 잘못된 것을 가르쳤다는 듯이 되어 있었고, 저는 그게 너무 화가 나서 글을 쓰게 되었습니다

"어느 날 아침 자습시간에 교육청에서 감사를 나와서 연극 수행평가에 대한 설문조사를 한다고 했습니다. 마침 시험도 한 과목 있었는데 그 설문 때문에 시험도 밀리게 되었고, 우리는 영문도 모른 채 강압적인 분위기에서 그냥 설문조사에 응하게 되었어요. 그런데 너무 노골적인 질문이 많아서 깜짝 놀랐습니다. 저는 선생님의 수업이 편향되었다고 생각하지 않아요. 선생님이 사실을 저희에게 전달하면, 판단은 저희가 해서 그것에 대한 각자의 생각을 갖는 것이라고 생각합니다. 선생님께서 '이렇게만 생각하라'고 강요하신 적이 없어요. 그런데 설문은 마치 선생님이 잘못된 것을 가르쳤다는 듯이 되어 있었고, 저는 그게 너무 화가 나서 글을 쓰게 되었습니다."

임나희 학생의 이야기를 들으면서 '아하, 저런 마음이었구나, 그리고 학생들이 정말 어른들한테 화가 많이 났었구나' 하는 생각이 들었다. 그리고 혹시라도 그런 과정에서 부모님들이나 주변으로부터 어려움을 겪은 적은 없는지 궁금해졌다.

"가족들이나 친척들은 대체로 보수적인 성향을 가진 분들이에요. 어른들이 그렇게 생각하는 것이 이해도 되고, 제가 미성년자이니 그동안은 부모님의 제재와 의견에 따르는 편이었어요. 그런데 지금은 아니에요. 저도 제 생각을 말할 수 있는 자유가 있으니까요. '나도 내 생각이 있고, 이 생각을 말할 수 있는 자유와 권리가 있다'고 봅니다. 그리고 부모님들께서도 제 생각과 같지는 않으시지만 평소 제가 하고 싶은 대로 하라고 하시는 편이고, 대신에 항상 책임을 지라고 하십니다. 부모님들의 생각을 제게 강요하지는 않으세요. 대신 제가 선택하게 하고, 대신 책임도 져주지 않으세요. '책임은 네가 져야 한다'는 입장이세요."

저도 제 생각이 있고,
생각을 말할 수 있는 자유와 권리가 있다고 봅니다

고개가 끄덕여졌다. 함께 인터뷰에 참가한 정혜리 학생의 부모님도 그랬고, 이유정 학생의 부모님도 그런 면에서 닮아 있었다. 딸들과 생각이 같든, 같지 않든 자신의 생각을 강요하지 않고 존중해주고 있었다. 이것도 우리 사회의 발전의 한 측면이겠다는 생각이 들기도 했다.

다시 정혜리, 이유정 학생의 이야기를 들었다. 연극에서도 조용한 역할을 맡았던 정혜리 학생은 실제 성격도 그렇다고 한다. 그날도 이야기를 많이 하지는 않았지만 해야 할 이야기를 정리해서 또박또박 말하는 모습이 인상적이었다. 정혜리 학생의 이야기를 옮겨 본다.

"연극을 준비하면서 그냥 언론에 비친 세월호와는 확실히 다른 여러 가지 사실들을 알게 되었습니다. 대본을 쓰면서 『한겨레』 신문에 실렸던 「천국에 보내는 편지」를 비롯한 여러 기사들을 다 읽었는데, 정말 많이 울었습니다. 슬픈 거 보고 잘 우는 편이 아닌데, 동영상 등 자료들을 보면서는 정말 감정이 북받쳤어요. 오늘 인터뷰도 그래서 나오게 되었습니다.

대본을 쓰면서 정말 많이 울었습니다
잘 우는 편이 아닌데,
동영상 등 자료를 보면서는 정말 감정이 북받쳤어요

공연을 준비하면서는 연습실을 정말 많이 옮겨 다녔어요. 연습 장소 구하고, 대본 쓰고 등등 완전 우리끼리 한다는 어려움, 처음이었고 우리 모두 아마추어였으니까요. 그때 학교 선생님들을 한 분 한 분 찾아뵙고 먼저 공연료를 받았는데, 대부분의 선생님들이 받아주시고 우호적이셨어요. 약간 걱정하는 분들은 계셨지만 대놓고 말리거나 하는 분은 한 분도 없었습니다. 공연에 오지 못하면서도 선뜻 돈을 주시는 모습에 정말 감동을 받았습니다."

연극을 제일 먼저 제안하고 대본을 쓰는 등 많은 역할을 했던 이유정 학생의 이야기를 이어서 들었다.

"사람들이 서로의 아픔과 분노에 공감할 수 있다면 분명히 더 좋은 사회가 될 거라고 생각해요. 그런 사회를 만들기 위해 살아가는 것이 제 삶의 목표이기도 하고요. 공연을 본 사람들이 제게 했던 이야기들이 특히 인상 깊었어요.

소외되고 힘없는 사람들의 이야기를
공연으로 만들어서
더 많은 사람들이 공감할 수 있는 사회를 만들고 싶어요

'뉴스를 통해서 소식을 들었을 때는 그냥 안타깝다는 정도였고, 시간이 흐르면서 자기도 모르는 사이에 많이 무덤덤해져 있었던 것 같다. 그런데 공연을 보고 그 상황에 감정이입을 하고 보니 세월호참사가 얼마나 가슴 아픈 일인지 알겠다. 배에서 무서워서 우는 모습, 엄마를 부르며 노래하는 모습들을 보니 세월호 배 안에 있었던 아이들도

다 그랬구나 하는 생각이 들었다'며 '이제는 머리가 아니라 가슴에 와 닿아서 세월호 이야기만 들어도 눈물이 날 것 같다'는 이야기를 해주었어요.

이런 이야기를 들으면서 제 삶의 방향성이 생겼습니다. 지금 우리 사회는 돈 많고 힘 있는 사람들은 자기들 마음대로 다 말하고 사는데, 실제로 우리가 귀를 기울여서 공감하고 응원해주어야 할 사람들의 목소리는 자꾸 묻히고 잊혀져가고 있어서 늘 안타까웠어요. 세월호 공연을 하면서, 소외되고 힘없는 사람들의 이야기를 공연으로 만들어 더 많은 사람들이 공감할 수 있는 사회를 만들어야겠다는 다짐을 하게 되었어요.

저만을 위한 꿈이 아니라
우리 사회를 바꿀 수 있는 꿈을 꿀 수 있는
계기가 되었어요

인생의 전환점이 된 공연이었어요. 내가 하고 싶고 잘할 수 있는 일을 하면서 사람들에게 얼마든지 힘이 될 수 있다는 것을 깨달았고, 저만을 위한 꿈이 아니라 우리 사회를 바꿀 수 있는 꿈을 꿀 수 있는 계기가 되었어요."

우리 사회가 여전히 힘없고 가난한 사람들의 목소리를 들어주지 않고 있다는 이유정 학생의 이야기는 자연스럽게 요즘 시국 이야기로 이어졌다. 특히 밝혀지지 않고 있는 세월호참사 발생 직후 대통령의 7시간은 오늘 인터뷰를 위해 모인 모든 사람들의 주요 관심사이기도 했다. 주변 사람들이 이번 시국에 보이는 모습에 대한 이야기, 세월호 참사에 대해 안 좋게 이야기하는 친구들도 있다는 이야기, 친구들 사이에 아무렇지 않게 쓰이는 말들이 알고 보니 일베에서 유래했더라는 이야기, 생각보다 일베를 하는 친구들이 많아서 놀라기도 했다는 이야기들을 나누었다.

제일 필요한 것은 '책임'이라고 생각합니다
세월호도 사람들이 자기 책임을 다하지 않았기 때문에
일어난 일이잖아요

"세월호참사나 강성규 선생님의 수업에 대해 호의적이지 않은 친구들이 없지는 않은데, 제 입장에서는 사실 좀 놀라운 일이었어요. 하지만 사람들은 다 다양하고 자기 생각이 있기 때문에 이해하려고 노력하고 있어요.

그렇지만 또 솔직히 이 모든 일에서, 세월호도 그렇고 이번 시국도 그렇고, 제일 필요한 것은 '책임'이라고 생각합니다. 고등학생인 저도 자유가 있는 만큼 책임을 져야 하잖아요. 정치를 하는 사람들에게 책

1. 2015년 3월 대구 '꿈꾸는씨어터'에서 공연 후 단원고 부모님들과 함께 찍은 단체사진.
2. 2015년 9월 서울 '꿈이룸소극장'에서 공연 중인 모습.
3. 인터뷰를 함께 한 이유정, 정혜리, 임나희 학생.
4. 2017년 2월 10차 대구시민시국대회 무대에서.

임은 더욱 중요하고 꼭 필요하다고 생각해요. 지금 우리나라 대통령도 자신의 책임을 다하지 못했기 때문에 법의 심판을 받는 것이고, 법의 심판을 받으면서까지도 자기 책임을 회피하려고 하기 때문에 사람들이 시위를 하는 것이라고 생각합니다. 핵심 키워드는 책임이라고 생각해요. 세월호도 사람들이 자기 책임을 다하지 않았기 때문에 일어난 일이잖아요.

그런데 저도 책임을 다 지려고 하지만 다 못 지는 경우도 있어요. 대통령이라는 이유로 100퍼센트 책임을 다해야 한다고 생각하지는 않거든요. 저는 그것도 이해해요. 그렇지만 책임을 다하기 위한 노력은 해야 하지 않았나 하는 생각이 듭니다."

임나희 학생은 이야기를 하면서 '책임'이라는 단어에는 힘을 꾹꾹 주어 말했다.

노란 리본을 제주 해변에 묻고 온 수학여행, 세월호를 잊지 않고 있는 친구들이 많다는 걸 다시 알게 되었어요

나희 학생은 얼마 전 친구들과 함께 제주도로 수학여행을 다녀왔다. 단원고 학생들이 가려고 했지만 가지 못했던 수학여행. 호산고 학생들은 월정리 해변과 협재 해수욕장 모래사장에 노란 리본을 묻어주고 왔다고 한다. 누가 시키지도 않았고, 단원고 학생들의 수학여행 코스가 정확하게 거기인지도 알 수 없었지만, 친구들의 그런 모습을 보며 아직도 세월호참사를 잊지 않고 있는 친구들이 많다는 걸 다시 알게 되었다고 한다.

"리본이 금방 떠내려갈까 봐 파도를 피해서 깊이 파묻느라 힘이 들었어요. 그렇게 리본을 해변에 묻을 때 기분이 참 오묘했어요. 어쩌면 어른들은 자신이 한 행동이 이렇게까지 영향을 미칠 거라고 생각을 못했을 거예요. 자신들의 행동이 잘못된 것이라는 당연한 도덕적 상식이 지켜졌다면, 우리가 리본을 바닷가에 묻을 일도 없었고, 많은 사람들이 피해를 볼 일도 없었잖아요.

제가 하지 못하는 일을 누군가 해주고 있다는 사실에
항상 고마움을 느끼고 있습니다
용기를 크게 내지 못하는 것이 좀 부끄럽구요

저도 우연히 세월호를 안 탄 것 뿐이라고 생각해요. 그렇기 때문에 정말 남의 일 같지 않아요. 어른들이 책임지지 않은 일에 학생들이 피해를 봤잖아요. 거기에 대한 책임 있는 사과가 꼭 필요하다고 생각합니다.

제가 할 수 있는 게 많지는 않고, 아직 어떻게 할지 명확하게 알지는 못하지만 제 마음이 가고 이끄는 대로 행동하려고 해요. 제가 공감되는 일을 하는 것이 제일 인간적이고 사회에 맞는 일이 아닐까라고 생각합니다. 세월호 활동을 하시는 분들이나 가족들이 보상을 받기 위해 하는 것은 절대 아닐 거라고 생각해요. 함께 추모하고 함께 돕자는 마음에서 시작한 일, 그리고 제가 다하지 못하는 일을 누군가 해주고 있다는 사실에는 항상 고마움을 느끼고 있습니다. 용기를 크게 내지 못하는 것이 좀 부끄럽구요."

어른들을 있는 대로 부끄럽게 해놓고는 스스로 더 용기를 내지 못해 부끄럽다고 말하다니, 거듭 부끄럽고 따뜻하고 아팠다. 강성규 선생님은 '비도덕적인 사회와 맞서는 건 정말 힘든 일, 매 순간 결심하고 결정해야 하는 일이지만 또 자꾸 하다 보면 길이 난다'는 이야기를, 유정이도 옆에서 '안 하면 몸이 근질근질하다'는 이야기를 보태 우리는 함께 웃기도 했다.

세월호에 대해 아파하고 공감하는 친구들을 모아서 다시 공연을 할 거예요

이유정, 정혜리 학생은 다시 세월호 연극을 함께 할 친구들을 모집하고 있다. 오디션도 보고 대본도 다시 쓰고 연습을 해서 되도록 빨리 공연을 올리려고 한다. 처음과 다른 점은 그때는 공연을 위해 먼저 모이고 세월호참사라는 주제를 잡았다면, 이번에는 처음부터 세월호참사에 대해 아파하고 공감하며 이후에도 꾸준히 세월호 활동을 할 수 있는 친구들을 찾아 다시 시작하려는 것이다. 마침 세월호참사 1,000일이 되어가고, 해가 바뀌고 4월이면 또 세월호참사 3주기가 될 터라, 유정이와 혜리들이 준비하는 공연이 더 소중한 역할을 하겠다는 기대를 해본다.

두 학생에게 아직도 세월호를 잊지 않고 열심히 활동하는 이유는 무엇인지 들었다.

"1,000일이 다 되어 가는데 인양도 안 되고, 바뀐 건 아무 것도 없고, 사람들 태도만 달라졌을 뿐 밝혀진 것도 없는 상황에 자꾸 화가 납니다. 그런 마음이 나라도 싸워야겠다는 생각을 하게 만들어요. 어떻게든 해결되어야 하고 밝혀져야 하고, 모든 사람들이 알아야 하기 때문에 노래하고 연극하고 그렇게 친구들에게 알려야겠다고 생각해요."

이유정 학생의 말에 이어 정혜리 학생의 이야기.

"처음에 이 공연을 하자고 한 이유가 시간이 갈수록 사람들에게 세월호참사가 잊혀질 것이라는 사실이 뻔했고, 그걸 바로잡아 보자는 생각이었습니다. 우리 공연을 보고 기억하는 사람들이 더 많아지기도 했지만, 사회 전체적으로는 시간이 지날수록 사람들의 세월호참사에 관한 부정적인 생각들이 많아지고, 희생자 가족들에 대한 비난이 생겨났습니다. 그에 대한 미안함 때문에 지금도 더 열심히 해야겠다는 생각을 하게 되는 것 같습니다."

마지막으로 세 명의 고등학생들이 바라는 나라, 바람에 대한 이야기를 들었다.

이유정 학생은 "하루라도 빨리 진실이 밝혀지고, 유가족 부모님들이 마음 편히 주무실 수 있는 날이 왔으면 좋겠습니다. 그리고 정말 진실이 밝혀진다 하더라도 이 일은 백 년이 지나도 잊어서는 안 되는 일이라고 생각해요. 저도 끝까지 기억하고 함께 행동하겠다는 다짐을 합니다"라고.

세월호는 백 년이 지나도 잊어서는 안 되는 일,
저도 끝까지 기억하고
함께 행동하겠다고 다짐합니다

임나희 학생은 "진실에 색안경이 씌워지지 않고 사실대로 사람들에게 다가가고, 사람들이 책임감을 가져서 책임지는 나라가 되었으면 좋겠습니다"라고 일관되게 책임의 문제를 강조했다. 정혜리 학생은 "착한 게 죄가 되지 않는, 그런 나라에서 살아가고 싶어요"라고 말했는데, 우리는 짧은 그 한마디에 마음이 찡해져서 정혜리 학생의 얼굴을 쳐다보았다. 그러자 정혜리 학생은 "제가 대학 면접 봤을 때 '우리 사회가 착한 사람이 피해보는 나라라고 하는데, 어떻게 생각하느냐?'는 질문을 받았습니다. 저는 현재까지는 우리나라가 착한 사람들이 피해를 보는 나라라고 생각합니다. 그래서 착한 사람들이 나쁜 사람들에게 이용당하지 않는, 이용당할 수 없는 그런 나라가 되었으면 좋겠습니다. 착한 게 상을 받는 게 아니라 당연하고 악이 처벌받는 그런 사회가 되었으면 좋겠습니다"라고 덧붙였다.

착한 것이 죄가 되지 않는, 그런 나라에서 살고 싶어요

그날 세 명의 고등학생은 세월호를 기억하고 열심히 활동하는 사람들을 만난다는 인터뷰의 기획 의도에 따라 초대된 학생들이었다. 그래서 우리 주변에 있는 청소년들 모두의 이야기를 들려준 것은 아니었을 것이다. 좀 더 적극적이고 많이 공감하고, 활동도 성심껏 해온 학생들이라 인터뷰를 하는 내내 한마디 한마디가 예사롭지 않았다.

하지만 세 학생의 이야기의 울림의 바탕에는 공통적으로 세월호참사의 당사자 세대라는 인식, 사회의 구성원이라면 누구나 억울함에 내몰리지 않고 존중받는 사회가 좋은 사회라는 따뜻한 마음과 정의감이 흐르고 있었다. 그리고 나는 이 세대가 어른들에게 기대지 않고 스스로 좋은 사회를 만들어가는 주체로 등장하고 있음을 실감했다.

자식을 잃고 1,000일이 되어가도록 몸과 마음을 다해 진실 규명을 위해 싸워오신 부모들, 함께해온 국민들이 있었기에 대통령의 책임을 끝까지 물을 수 있게 되고, 세월호를 인양하고 진실을 밝히라는 목소리가 높아지고 있다. 하지만 유정 학생의 말처럼 아직도 우리의 과제는 산적해 있다. 세월호는 바다에 잠겨 있고 세월호와 함께 아홉 명의 국민이 가족의 품으로 돌아오지 못하고 있다. 세월호특별조사위원회는 그 역할을 다하지 못한 채 강제종료 당했다.

하지만 이제 우리 국민들은 대통령 한 명을 탄핵하는 것에 머무르지 않는다. 우리 사회의 온갖 적폐들을 청산하고 새로운 나라로 성큼성큼 걸어 들어가야 한다며 우리의 나아갈 길을 밝히고 있다. 이 길에 세월호참사를 겪으며 누구보다 아팠고, 정의롭고 용감했던 청소년들이 나서고 있다. 이에 화답하고, 이로부터 배우고 함께한다면 우리는 새로운 나라를 만들 수 있을 것이다.

응원하는 사람이 아니라 움직이는 사람이 되기로 했어요

매주 피켓을 들고 거리에 서는
'반야월 촛불'

성영주 · 김주은 · 채미연 씨

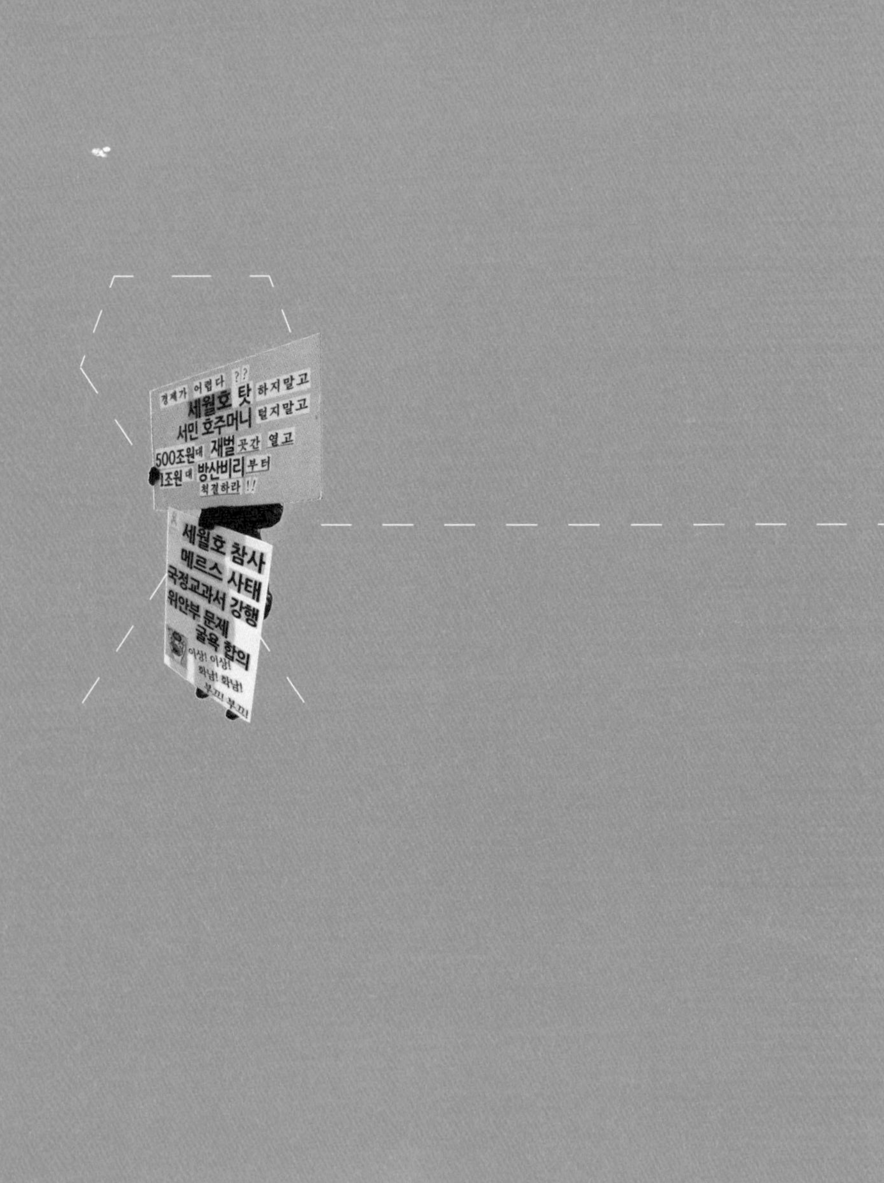
경제가 어렵다 ??
세월호 탓 하지말고
서민 호주머니 털지말고
500조원대 재벌곳간 열고
1조원대 방산비리부터
척결하라 !!
세월호 참사
메르스 사태
국정교과서 강행
위안부 문제
굴욕 합의
이상! 이상!
화남! 화남!
부끄! 부끄!

매주 피켓을 들고 거리에 서는 '반야월 촛불'

성영주 · 김주은 · 채미연 씨

세월호참사가 일어난 지 600일이 넘어 700일이 다 되어가지만 참사의 진실과 생명의 존엄은 아직도 검고 차가운 바다 밑에 가라앉은 채 떠오를 줄을 모르고…….

이 긴 시간 동안에도 대구 곳곳에서는 세월호참사의 진상 규명을 촉구하고 세월호의 온전한 인양과 미수습자 수습을 촉구하는 시민들의 자발적인 활동이 꾸준히 이어지고 있다.

'세월호를 기억하는 대구 사람들' 첫 인터뷰는 동구 반야월에서 매주 피켓을 들고 노란 리본을 나눠주고 있는 반야월 촛불, 세 명의 엄마를 만나면서 시작됐다. '뭐하까' 채미연 씨, '뭐라도' 성영주 씨, '다하까' 김주은 씨. 이들의 이름 앞에 붙은 경상도 사투리 예명은 함께 울고 웃던 인터뷰 자리에서 즉석으로 만들어진 것이다.

세월호참사만 생각하면 억울하고 화가 나서 못 살겠다고, 이렇게 한탄만 하고 있어서는 안 되겠다면서 "우리 이제 뭐 할까요? 뭐 하면 돼요?"를 연발하던 채미연 씨.

"세월호참사의 진실을 밝히는 일은 그저 논리가 아니잖아요, 그냥 애들 목숨이잖아요"라며 사람마다 자기가 할 수 있는 것이라면 뭐라도 하자고, 소리 칠 사람 소리 치고, 현수막 걸 수 있는 사람은 현수막 걸고, 노래할 사람은 노래하고, 자기가 할 수 있는 걸로 뭐든 하면 되지 않냐고 '뭐라도'를 몇 번이나 힘주어 말하던 성영주 씨.

그리고 유모차 부대와 함께 만 명의 서명을 받고 스스로 반야월 촛불을 찾아와 지금까지 세월호 진상 규명을 요구하는 자리라면 빠짐없이 지켜온, 정말 자신이 할 수 있는 일을 다 해 온 김주은 씨.

세월호참사의 진실을 밝히는 일은
그저 논리가 아니잖아요
그냥 아이들 목숨이잖아요

이 세 사람이 만난 건 세월호참사가 일어나고 한두 달이 흐른 뒤였다. 마을 카페와 협동조합 활동을 해오던 영주 씨는 세월호참사가 일어난 후 마을 사람들과 함께 현수막도 붙이고, 동네 촛불도 시작을 했다. 어느 날 현수막을 보고 나도 같이 하고 싶다고, 어떻게 하면 되는

지를 물으며 김주은 씨가 찾아왔다고 한다.

"세월호참사가 일어나고 난 후에 동네에 노란 현수막이 엄청 많았어요. 그전에 철도민영화 반대하는 현수막도 보고 '안녕들 하십니까' 대자보 보면서 나도 뭐든 같이 하고 싶었어요. 그래서 그 현수막 단 사람들을 찾아가자고 마음먹고, 구의원에 출마한 후보 사무실도 찾아가 보고 했었어요.

그런데 어느 날 아띠도서관에 갔는데 관장님이 세월호 추모곡 〈천 개의 바람이 되어〉를 틀어 놓았더라구요. 거기서 그냥 눈물이 쏟아져서……. 그리고 마을 사람들을 만났어요. 거기서 영주 씨도 만났지요."

성영주 씨는 지금은 웃으면서 이야기할 수 있지만, 그때는 그렇게 스스로 찾아온 김주은 씨가 워낙 특별한 경우라 '왜 왔지? 경찰이 시켜서 온 거 아닐까?' 하는 의구심을 갖기도 했다고 한다. 너무나 정당한 이야기들조차 색안경을 끼고 대하는 분위기 탓이었겠지만, 언니에게는 지금도 미안한 일이라고.

김주은 씨는 세월호참사가 일어나고 나서 '엄마의 노란손수건' 카페 엄마들과 함께 유모차를 끌고 다니며 18일 만에 세월호특별법 서명을 만 명이나 받아 유가족들에게 전달하기도 했다.

"몇 날 며칠을 아이들이 구조되는 걸 기다리면서 밤이고 낮이고 〈팩트TV〉 보고, 뉴스 보고 그랬어요. 두 달 동안 내내 울면서 지내다가 6월에 처음 세월호 서명전도 나갔지요. 그러면서 '엄마의 노란손수건' 카페에도 가입을 했는데, 유모차 부대 엄마들이 영남대에서 첫날 하루 서명전을 하고 다음날 계명대에 간다는 글을 올렸어요. 다음날 바로 찾아가서 함께했어요.

아이들이 구조되는 걸 기다리면서
몇 날 며칠, 밤이고 낮이고 뉴스만 봤어요
두 달 동안 내내 울면서 지내다가
6월에 처음 세월호 서명전도 나갔지요

처음에 대학교에서 시작하면 중학교, 고등학교까지 하루에 두세 군데를 다녔어요. 엄마들이 좀 많은 날이면 두 조씩 나누어서요. 그렇게 했더니 18일 만에 만 명을 넘겼어요. 진해 씨는 서명지를 집까지 가져가서 몇 명 받았다고 매일 올리고, 그러면 다들 너무 좋아서 어쩔 줄 모르고. 하루에 천 명도 받았어요."

당시 이야기를 열심히 하던 김주은 씨는 그때만 해도 특별법만 제정하면 다 해결될 줄 알았다고, 그래서 지금쯤이면 벌써 끝나 있을 줄 알았다고, 아직 이러고 있을 거라고 생각도 못했다는 말을 덧붙였고, 우리 모두는 고개를 끄덕였다.

"저도 처음에는 시간이 지나면 분명히 해결될 거라고 생각했어요.

솔직히 상상할 수도 없는 큰 사건이잖아요. 시끄럽다가도 차근차근 해결될 거라고, 증거도 나오고 처벌도 되고 그럴 줄 알았는데 아직도 이러고 있으니 이게 무슨 일인지 모르겠어요."

말문을 연 채미연 씨도 김주은 씨처럼 스스로 세월호 대책위 활동에 찾아와서 동네 주민인 주은 씨와 영주 씨를 만났다.

응원하는 사람이 아니라
움직이는 사람이 되어야겠다고
마음 먹었어요

"처음에는 열심히 하시는 분들 응원 좀 하고, 나라가 해결하는 걸 기다리면 될 줄 알았어요. 그런데 시간이 가면 갈수록 이상한 거예요. 이게 뭐지? 어떻게 상황이 이렇게 돌아갈 수 있나? 이런 생각이 들면서 내가 한 발이라도 움직일 수 있으면 움직여야겠다는 생각, 응원하는 사람이 아니라 움직이는 사람이 되어야겠다는 마음을 먹었어요. 또 주변 친구들에게 국가와 지도층이 이러면 안 되는 거 아니냐고 이야기를 했는데, 친구들이 왜 자꾸 그런 이야기를 하냐고 그만두라고 해서 더 답답했지요. 그러던 때에 세월호대구시민대책위에서 하는 행사를 알게 돼서 찾아 갔고, 거기에 여기 두 사람이 있었어요."

벌써 끝나 있을 줄 알았던 세월호 진상 규명도, 책임자 처벌도 아직

안 되고 있는 가운데 새해를 맞이한 요즘 심정이 어떤지를 물었다.

"세월호참사는 그동안 부당하다고 느꼈던 사건들과 분명히 다른 것 같아요. 나라의 높은 사람들이 우리 편이 아니라는 사실이야 원래부터 알았고, 억지로 간첩도 만들 수 있는 나라라는 건 알았어요. 하지만 아이들의 생목숨을 이렇게까지 아무렇지 않게 묻어버릴 수 있는 나라일 거라고는 생각도 못 했어요. 우리나라가 정말 이 정도인가, 세월호참사는 지금까지 실망했던 실망을 다 모아 놓은, 총체적인 실망감을 준 사건이에요."

아이들의 생목숨을 이렇게까지
아무렇지 않게 묻어버릴 수 있는 나라일 거라고는
생각도 못 했어요

성영주 씨는 희생자들이 아이들이라서 그런지, 자식을 키워본 사람이라서 그런지, 그 장면을 봐 버려서인지 뭐라고 딱 설명을 못 하겠지만 생각하면 아직도 눈물이 나고 아프다고 말했다.

채미연 씨는 어쩌면 이렇게 도무지 국민을 무서워하지도 않고 무뇌아 취급할 수 있는지 생각하면 생각할수록 화가 난다고 한다.

"너무 잔인해요, 이 나라가. 최근 위안부 할머니들 대하는 모습도 마찬가지고, 국정화 교과서부터 백남기 농민 사건, 메르스 사태도 그

1. 대구 반야월 '사람이야기' 카페에 모여 함께 만드는 세월호 노란 리본.
2. 율하광장 마을축제에서 어린이들이 세월호 관련 체험 활동을 하고 있다.
3. 대구 신매광장에서 세월호 진상 규명 서명을 받으며 피켓 홍보를 하고 있는 세 사람.
4. 세월호 2주기 대구시민행동 기간을 맞아, 보도블럭에 노란 리본을 그리고 있는 모습.
5. 세월호 3주기 행사 준비를 위해 모인 반야월 4·16약속지킴이들.

렇고 끊임없이 사건으로 사건을 덮고 있잖아요. 이래도 다 당선되고 아무 문제 없다는 것을 철저하게 아는 사람들이라는 생각이 들어요. 나라가 왜 국민을 이렇게 만들어 놓는지 모르겠어요."

그러면서도 한탄만 하고 있으면 안 된다며, 우리가 뭘 할지 이런 현실을 어떻게 깰지 방법을 찾아내야 한다고 강조했다.

그러자 김주은 씨의 씩씩하고 확실한 답이 이어졌다.

"정권을 바꿔서 종편 없애야지!"라고. 단박에!

그전에는 안 싸우려고 했는데,
가만 있으니까
그 사람들이 자신들이 아는 게 옳은 줄 아는 거예요

성영주 씨는 주은 언니는 천상 여자에 천상 소녀일 줄 알았는데, 잘 울고 잘 분노하고, 나쁜 사람들 만나면 막 욕해 주고 대들고 하는 모습이 인상적이라고 한다.

"영남대 앞에서 몇 번 싸웠어요. 그전에는 안 싸우려고 했었는데, 가만 있으니까 그 사람들이 자신들이 아는 게 옳은 줄 아는 거예요. 그래서 이러면 안 되겠다 싶어서 설명도 하고 막 세게 이야기를 하기도 했어요."

세 사람은 겪었던 이야기를 나누며, 앞으로 거리에서 서명을 받고 있는 우리를 보고 아직도 하냐고 묻는 사람이 있으면 이렇게 대답하자고 한다. "그래요, 우리도 아직도 해서 정말 힘들어요. 제발 우리 그만 좀 하게 해주세요, 도와주세요. 쇼핑도 하고 취미 생활도 좀 하고 싶어요!"라고. 또 "돈 받고 나와서 하는 거냐?"고 묻는 사람에게는 "그러시는 분은 돈 받고 우리한테 묻는 거냐?"고 도로 물어보자고.

아무리 행동하고 싶었어도
혼자였으면 못 했어요
같이 하는 사람들이 있어서 여기까지 온 거지요

반야월에서는 여자들이 중심이 되어 활동을 하다 보니 반대 여론을 가진 사람들로부터 더 많은 어려움을 겪고 있다고 했다. 시비를 거는 사람도 많고, 자기 자리라며 자리를 비켜 달라는 상인들도 있고, 얼마 전에는 누군가가 경찰에 신고를 해서 일인시위 20미터 간격을 지키라는 경찰들의 조사와 지시사항을 듣기도 했다고 한다.

"혼자면 못 했어요. 아무리 행동하고 싶었어도 혼자였으면 못 했어요. 같이 하는 사람들이 있어서 여기까지 온 거지요. 그리고 너무 미안하잖아요, 애들한테. 너무 착하게만 키웠잖아요. 어른들 공경하고 말 잘 들으라고 가르쳤잖아요. 착하게만 살라고 가르쳤고, 그 아이들은 그냥 말 잘 들었잖아요. 그러니 너무 미안한 거지요……."

이 말을 하고 채미연 씨는 또 한참을 울었다. 방과후학교 전통놀이 수업을 하면서 신나게 떠드는 3, 4학년 개구쟁이들에게 자신도 모르게 "얘들아, 가만히 있어!"라고 말하고는 스스로 그 말이 얼마나 무서운 말인지를 깨닫고 화들짝 놀랐다고 한다.

"곳곳에 문제가 많은데 한 사람이 다 할 순 없으니까, 내가 여자면 여자 문제에, 엄마면 자식 문제에, 회사 다니는 사람이면 노동 문제에 가만히 있지 않았으면 좋겠어요. 그리고 우리 사는 삶이 정치 문제 아닌 게 없잖아요. 사람들이 사느라 바빠 정치에 관심 없게 만들고, 정치 이야기 하는 사람은 특별한 사람인 양, 좌파 빨갱이 운동권 이런 사람들인 양 생각하는 풍토가 바뀌었으면 좋겠어요."

잊지 않을게, 끝까지 밝혀줄게, 라고 쓴 현수막을 들고
지금까지 서명을 받고 있잖아요
그렇게 말했으니까 끝까지 밝혀줘야지요

성영주 씨는 이야기를 이어갔다.

"저는 세월호를 잊지 않겠다는 약속을 지키고 싶어요. 약속을 지키기 위해 하는 그 '뭐라도'가 지금은 거리 피켓 홍보인 거예요. 그동안 화가 났던 사건도 많았는데 왜 세월호 문제만큼은 계속 거리에 나오느냐고 저에게 물으면, 정확하게는 설명을 잘 못하겠어요. 나도 자식

이 너무 소중한 엄마라서 그런지는 몰라도…… 그냥 그렇게 해야 할 것 같았어요. 그리고 꼭 같이 안 해도 힘이 되어주는 눈빛, 음료수, 고생한다는 말 한마디, 열심히 한다고 보내주는 응원들이 우리를 여기까지 오게 도운 걸 거예요. 지금은 우리 세 명이 기본이지만 양희 대표님, 어린이도서관 김연희 관장님이 정기적으로 서명전에 참가해 주셨고, 그 외에도 많은 동네 분들이 함께 수고해주신 게 큰 힘이 되었어요. 이런 동네 분위기가 없었다면 아마 계속하지 못했을 거예요."

마지막으로 한 김주은 씨의 말에 모두의 마음이 담겨 있었다.

"우리가 노란 바탕에 까만 리본이 그려져 있고 '잊지 않을게, 끝까지 밝혀줄게'라고 쓴 현수막을 들고 지금까지 서명을 받고 있잖아요. 그렇게 말했으니까 끝까지 밝혀줘야지요."

세월호참사로 자식을 잃은 부모님들이, 유가족과 함께 싸우는 국민들이야말로 숨져간 아이들이 주고 간 새로운 가족이고 선물이라는 말씀을 하시는데, 이 세 사람도 서로에게 얼마나 소중한 선물일까 하는 생각이 들었다. 별이 된 아이들은 알고 있을까? 세상에서 가장 귀하고 아픈 선물들이 땅에서 눈물로 반짝이고 있다는 것을.

세월호가 제게는 아픔이지만 희망이기도 해요

칠곡 '4·16약속지킴이'

남숙경 · 박경희
김경희 · 김지훈 씨

세월호 참사
진짜 주범
박근혜
하야하라!!

칠곡 '4·16약속지킴이'

남숙경·박경희·김경희·김지훈 씨

대구 북구 칠곡 지역에서는 풀뿌리시민단체 소속 4·16약속지킴이들이 매주 수요일마다 거리에서 피켓을 들고 세월호의 약속을 지키기 위한 다양한 활동을 이어왔다. 이들 중에서 북구여성회 상근자인 남숙경 씨와 회원인 박경희 씨, 북구여성회 부설 책마실도서관 관장인 김경희 씨, 그리고 이들과 아주 친하게 지내온 터라 모두 북구여성회 회원인 줄 알고 있었던 정의당 김지훈 씨를 만났다.

식당을 운영하다가 지금은 북구여성회 상근간부로 활동하고 있는 남숙경 씨와 책마실도서관과의 인연으로 북구여성회 회원이 된 박경희 씨는 모두 세월호를 통해 우리 사회와 국가의 민낯을 대면했다고 말한다.

식당을 하면서 아이들을 키우느라 아이들한테 살갑게 함께해 주지 못했던 게 늘 미안했다는 남숙경 씨는 식당 손님들이 잘 볼 수 있는 곳에 '기억 엽서'를 비치해 두었다. 더러 왜 이런 걸 두냐고 시비를 거는 손님도 있었지만, 남숙경 씨는 세월호참사의 아픔을 함께하는 일이라면 영업에 다소 무리가 생기더라도 할 수 있는 일을 해야겠다는 마음으로 엽서를 그대로 두었다고 한다.

세월호참사가 일어난 뒤 정부에서 하는 일을 보면서 정말 해도 해도 너무 한다는 생각이 들었습니다

"제가 처음부터 사회문제에 관심을 갖게 된 건 아니었어요. 오히려 여당을 지지하는 사람이었어요. 대통령도 여자가 하면 남자에 비해 장점이 있을 거라는 기대도 있었어요. 그런데 세월호참사가 일어난 뒤 정부에서 하는 일을 보면서 정말 해도 해도 너무 한다는 생각이 계속 들었습니다.

배가 뒤집혔는데 승객들을 구하지 않은 것도 그렇고, 진실을 밝히자는 것을 굳이 막고. 세월호 1주기 때는 그 독한 캡사이신을 유가족들에게 뿌려대고. 그냥 슬퍼하겠다는데 그것조차 내버려두지 않고 어쩌면 이렇게까지 하는가 하는 생각이 들었어요. 그동안 정부가 이런 모습을 국민들에게 들키지 않았었는데, 세월호참사를 겪으면서 다 보여주었던 것 같아요."

박경희 씨도 남숙경 씨처럼 북구여성회 회원이 되고 세월호참사를 겪으면서 여러 가지 사회문제를 더 자세히 알게 되었다. 수요 서명전에 꼬박꼬박 참여하면서 한편으로는 보람도 느꼈지만, 어려움도 겪으면서 우리 사회와 이웃에 대한 생각도 많아졌다고 한다.

"여자들만 서명을 받고 있으면 꼭 뭐라고 하는 사람들이 있어요. 한번은 어떤 아저씨가 잔뜩 화난 표정으로 당신들이 뭔데 서명을 받느냐고 따진 적이 있었어요. 홍보물을 드리면서 보시면 내용을 알 수 있을 거라고 말했더니, 나는 이런 거 관심 없고, 애들이 배 타고 가다가 사고 나면 빠져 죽을 수도 있는 거지, 이렇게 서명을 받고 난리를 피우는 이유가 뭐냐며 막무가내로 화를 냈어요.

정치에 무관심한 것이
제일 나쁠 수 있다는 생각을 하게 되었어요
세월호 하나로 많은 게 바뀌었어요

저는 무섭기도 하고 화도 났지만, 속으로는 정말 그 아저씨 마음을 알고 싶다는 생각이 들었어요. 자식을 잃은 부모들에게 조금이라도 도움이 되고 싶은 마음으로 하는 일인데, 저 사람은 왜 저렇게까지 화를 내는가, 아직도 저렇게 분노하는 이유를 도리어 제가 묻고 싶은 심정이었어요. 저는 정말 북구여성회 오기 전에는 정치에 큰 관심이 없었어요. 그런데 이제는 무관심한 것이 제일 나쁠 수 있다는 생각을 하게 되었어요. 세월호참사 하나로 많은 게 바뀌었어요."

그동안 거리에서 서명을 받고 있는 사진들을 보면 모두 활짝 웃고들 있었는데, 이런 어려움들이 있었구나 하는 생각이 들었다. 동구에서 세월호 서명전을 계속 해오고 있는 분들도 주민들의 신고로 경찰에게 조사를 받기도 하고, 욕하며 대드는 시민들을 상대하면서 이제는 싸움꾼이 되는 걸 마다하지 않고 있다.

처음에는 이분들도 오랫동안 살아온 동네에서 피켓을 들고 나와 서 있는 것만도 어색하고 불편했을 것이다. 그래도 세월호참사를 겪은 가족들에게 보탬이 되고 싶다는 마음으로 어려움을 감수하며 2년을 함께해 왔다고 한다. 많이 고맙고, 어려움을 미처 헤아리지 못했던 것이 미안했고, 그 과정에서 겪었을 두려움과 놀라움과 분노가 내게도 고스란히 전달되어 마음 한구석이 오래 아렸다.

아이들을 구할 수 있겠다는 희망을 가졌어요
그런데 결국 한 명도 구해내지 못했고……
며칠 지나면서는 너무 힘들고 무기력했어요

함께 이야기를 듣던 김경희 관장의 경험도 다르지 않았다. 박근혜 대통령이 불쌍하다며 작정하고 시비를 걸던 할머니, 아이가 노란 리본을 갖고 싶어 해서 주었더니 재수 없다며 내팽개치고 가던 아이의 아버지.

"저는 학교 수업 가는 버스에서 참사 소식을 처음 들었어요. 다 구조했다는 소식에 다행이다 안도를 했는데, 수업 마치고 오보라는 걸 알았어요. 집에 와서 기사란 기사를 다 찾아 보았는데, 그때는 에어포켓에 대한 이야기도 나오고 해서 아이들을 구할 수 있겠다는 희망을 가졌어요. 그런데 결국 한 명도 구해내지 못했고…….

며칠 지나면서는 너무 힘들고 무기력했어요. 뭘 같이 해보자고 주변 사람들이 말했을 때도 바로 용기가 나지 않을 정도로요. 지역 단체들이 모여서 서명전을 해보자고 의논을 할 때에야 비로소 나도 할 수 있겠다 싶었어요. 혼자나 몇몇은 엄두가 안 나는 일이었지만, 같이 하면 되겠구나 하는 생각이 들었어요."

회원들은 모두 세월호참사 1주기 대구백화점 앞에서 열렸던 대구시민대회를 기억하고 있었다. 미리 써서 가져간 편지글을 읽지도 못하고 내내 울었던 사람이 바로 김경희 씨였다. 남숙경 씨도 마치 아이들이 다녀가는 것처럼 바람이 많이 불고 추웠던 1주기 집회를 기억하고 있었고, 우리들도 함께 고개를 끄덕였다.

"1년이 지나고 나니까 정말 분노가 치미는 거예요. 그동안 서명 받을 때 희한하게 저랑 지훈 씨가 나가면 비가 왔었어요. 비 오는 게 너무 슬펐어요. 아이들이 우는 것 같고, 서명전 잘 해보려는데 비가 와서 속상하고, 피켓 들고 서 있으면 참사 생각이 더 많이 나서 힘들기도 했거든요. 그렇게 1년을 보내고도 아무것도 밝혀진 게 없었으니까요."

비 오는 게 너무 슬펐어요
아이들이 우는 것 같고,
서명전 잘 해보려는데 비가 와서 속상하고

김경희 씨의 이야기에 이어 남숙경 씨가 힘든 마음을 털어놓았다.

"그런데 사람 마음이 참 이상해요. 한편으로는 내 나라 내 조국인데 이렇다는 사실을 아는 게 참 힘들고 괴로워요. 부모가 잘못하고 있다는 걸 알고 나면 부끄럽고 괴로운 마음이 드는 것처럼.

그리고 알면 알수록, 열심히 하면 할수록 세상이 도저히 바뀔 것 같지 않다는 거대한 현실에 부딪히게 되고, 그때마다 깊은 절망감을 느낍니다. 어쩌면 우리가 지금 하는 일은 아주 작은 일인데, 힘 있고 돈 있는 높은 사람들이 계속 이런 식이라면, 과연 우리 사회를 바꿀 수 있을까요? 이 작은 액션으로? 세월호 안에 재벌가 자식 하나만 있었더라면 이런 일 절대 일어나지 않았겠지요? 우리가 투표를 아무리 잘 해도 그놈이 그놈인데 싶은 절망감……."

남숙경 씨의 이야기는 그동안 세월호 진상 규명을 위해 활동해온 사람이라면 누구나 공감하는 심정일 것이다. 1년도 길었는데, 2년이 지난 지금도 세월호와 아홉 명의 미수습자는 바다에 잠겨 있고, 참사의 진상 규명과 책임자에 대한 처벌은 이루어지지 않고 있다. 세월호에 철근 400톤이 실려 있었다는 사실과 일치하지 않는 항적도, 국정원과 세월호의 관계에 대한 중요한 의문들이 근거를 가지고 제기되었지만, 정부는 세월호특조위 활동을 중단시켜 더 이상 진실에 다가가는 것을 막고 있다. 국회의원 153명이 발의한, 특조위 활동을 보장해달라는 특별법 개정안은 국무회의에 상정도 되지 않았으며, 유가족들의 농성은 노란 리본과 차양막을 빼앗기고 연행되는 등 경찰의 탄압과 싸우며 이어졌다.

우리가 지금 하는 일은 아주 작은 일인데,
힘 있고 돈 있는 높은 사람들이 계속 이런 식이라면
과연 우리 사회를 바꿀 수 있을까요?

김경희 관장은 지난 5·18 때 광주 망월묘역을 아이들과 함께 다녀왔다고 한다. 그동안 이야기로 듣던 것과 직접 보는 것이 매우 다르다는 걸 느꼈다고 한다. 518 민주화운동 때에는 통제를 당해 제대로 알

1. 대구 북구 구암동에서 자녀와 함께 세월호 피켓을 들고 있는 박경희 씨.
2. 북구여성회 주최로 책마실도서관에서 열린 '세월호 미수습자 가족 간담회'를 마치고.
3. 북구 칠곡 어린이날 행사 중에 세월호 부스에 모인 사람들.
4. 구암동 거리에서 세월호 서명을 받고 있는 모습.
5. 책마실도서관 입구에 놓여 있는 세월호 기억 리본.

릴 수도 없었지만 지금은 그마나 시민들에게 알리는 일이라도 할 수 있지 않냐며 말을 꺼냈다.

마음이 답답할 때면
'어둠은 빛을 이길 수 없다'는
노래 구절이 생각납니다

"마음이 답답할 때면 '어둠은 빛을 이길 수 없다'는 노래 구절이 생각납니다. 피켓 들고 나가 있을 때 나도 모르게 속으로 그 노래를 부르고 있을 때가 있어요. 세상 일을 알고 나면 정말 힘든데, 힘들다고 가만히 있을 수도 없잖아요. 세월호 때문에 울기도 많이 울고, 욕도 듣고……. 하지만 제 기억에 세월호만큼 이렇게 오랫동안 국민들 모두가 함께 행동한 적은 없었던 것 같아요.

삼풍백화점이 무너지고 성수대교 사고 있었을 때 모두 자기 일이 아니라고 생각했기 때문에 돌아서서 다 잊었었다고 은화(단원고 2학년 1반 조은화 학생은 아직 미수습자이다) 어머니가 말씀하셨어요. 세월호 싸움처럼 국민들이 길게 끝까지 해보려는 적이 없었기 때문에……. 그래서 오히려 이 일에서 한번 끝을 보면 그 다음부터는 좀 더 쉬워지지 않을까, 사회를 조금이라도 바꿀 수 있지 않겠나 하는 생각이 듭니다. 그래서 세월호가 제게는 아프지만, 하나의 희망이기도 해요."

조은화 학생 어머니와 함께 했던 간담회를 남숙경 씨도 기억하고 있었다.

"여성회에서 처음 한 세월호참사 가족간담회에 은화 어머니가 오셨어요. 제가 어머니께 왜 이런 활동을 하시냐고 질문을 드렸어요. 자식 잃은 부모가 자식을 찾으려고 하는 건 당연하지만, 가장 아프고 힘든 부모님일 텐데 굳이 앞장서서 전국을 다니며 힘든 이 일을 하시는 이유가 뭐냐고. 그랬더니 은화 어머니가 이렇게 답하셨어요.

아이 하나를 이렇게 잃었는데 남은 아이가 사는 세상은 달라져야 하지 않겠냐고, 그래야 우리도 살 수 있다고요. 그 말씀이 제게는 '당신들도 아이들이 있지 않느냐?'고 물으시는 이야기로 들려 아직도 기억이 납니다."

아이 하나를 이렇게 잃었는데
남은 아이가 사는 세상은 달라져야 하지 않겠나,
그래야 우리도 살 수 있다

쏟아지는 여성회 회원들의 이야기를 열심히 듣고 있던 김지훈 씨도 의견을 보탰다.

"세월호 인양에 대한 설문조사가 계속 있을 때는 세월호를 인양해야 한다는 국민 여론이 60퍼센트로 확인이 되었는데, 결정된 후에는 더 이상 조사가 없었습니다. 그러다 보니까 사안 자체가 점점 잊혀지는 것 같았고, 세월호 인양을 원하는 국민들이 얼마나 있을까 하는 생각으로 스스로 위축이 되었던 것 같아요.

그런데 총선을 치르고, 세월호 2주기 대구시민대회에 참가한 많은 사람들을 보면서 드러나지 않았던 대구 시민들의 마음을 확인하는 계기가 되었어요. 아마 다른 사람들도 저처럼 모두 위축되었다가 서로가 서로를 확인하는 순간 마음의 힘을 낼 수 있지 않았을까 하는 생각이 듭니다. 여전히 우리가 곳곳에서 꾸준히 활동하는 것이 서로를 연결시키는 중요한 고리라고 생각합니다."

세월호 2주기 행사에 참가한 많은 사람들을 보면서
드러나지 않았던 대구 시민들의 마음을
확인하는 계기가 되었어요

우리는 지난 2년을 돌아보며 서로가 어떤 힘겨움을 갖고 지금까지 견뎌 왔는지, 무엇을 희망이라고 생각하며 세월호를 기억하고 행동해 왔는지를 짚어볼 수 있었다. 그리고 여성회 활동을 돌아보면서 북구 지역 지킴이들이 참 많은 일을 해왔다는 사실을 확인하며 스스로 대견해 하기도 했다.

그동안 북구여성회 회원들은 수요 서명전은 물론이고 조은화 어머님부터 시작하여 지난 2주기 때 다영이 아버님까지 중요한 시기마다 가족간담회와 다큐멘터리 상영을 꾸준히 진행해 왔다. 지역에서 열리는 어린이날 행사나 팔거천 축제마다 세월호를 기억하는 부스를 설치하고 어린이들이 직접 참가할 수 있도록 했다. 특히 다른 지역과 달리 부설 도서관이 있어서 1주기 때는 '우리가 올리자'는 주제로 전국 작은도서관 공동행동을 했고, 2주기 때는 '기억의 자리'를 마련해 어린이들이 종이배를 접고 리본을 만들고 그림을 그리는 활동을 직접 하면서 세월호를 기억하고 생각하도록 했다.

이런저런 활동에 대한 기억을 되새기면서 남숙경 씨는 중간에 수요 서명전이 어려워 어떻게 할지 의논한 적이 있었는데, 그만두었다면 모두 잊혀졌을 것이라며, 계속 활동하기를 정말 잘 했다는 이야기를 했다.

박경희 씨도 서명전을 해보면 아직도 인양이 안 된거냐, 진상조사 다 된 것 아니냐고 물으시는 분들이 많다며 우리 활동으로 최소한의 사실이라도 알릴 수 있어서 보람을 느낀다고 말을 이었다.

다음은 인터뷰를 마치며 참가자 네 분이 한 이야기들이다.

박경희 씨는 밝게 웃으며 말했다.

"처음 생각했던 것보다 길어져서 빨리 좀 해결되었으면 좋겠다는 생각을 늘 했어요. 그런데 올해 들면서는, 좀 길어지더라도 이번만큼은 진상이 정확하게 밝혀지고 정의롭게 일이 해결되었으면 좋겠다는 생각이 들었습니다. 그리고 앞에서 이야기한 대로 길게 가야 할 싸움이니 강박감에 시달리거나 조급해 하지 말고 한편으로는 무리해서 일을 하지는 않아야겠다는 생각을 합니다. 오래 해야지요."

좀 길어지더라도 이번만큼은
진상이 정확하게 밝혀지고
정의롭게 일이 해결되었으면 좋겠어요

"도서관에서 노란 리본을 받아 간 중학생이 며칠 뒤 친구를 두 명이나 더 데리고 와서 함께 리본을 만들었던 적이 있어요. 또 '기억의 자리'를 만들었을 때는 큰 아이들이 동생들에게 세월호 이야기도 해주고, 배 접는 법도 가르쳐주는 걸 보면서 우리가 한 일이 헛되지 않구나 하는 생각에 가슴이 뭉클했습니다.

그리고 개인적인 일이지만, 우리 차에 붙은 노란 리본을 누가 몰래 떼낸 적이 있었는데 평소 세월호에 대해 별 말 없던 남편이 노란 리본 더 없냐고 찾으며 막 속상해 했어요. 저도 어디 행사나 모임에 가보면 차마다 있는 노란 리본에 반갑고 힘이 나고요. 우리에게는 노란 리본이 그냥 노란 리본이 아닌 거죠."

자주 눈시울을 붉히던 김경희 관장이 이야기를 마치자 너도 나도 같은 마음이라고 한마디씩 보태기도 했다.

'돈이 최고'인 사회구조, 사람 목숨을 함부로 대하는 시스템이 달라져야 합니다

김지훈 씨의 이야기이다.

"제가 안전을 생명과 직결되는 문제로 관심을 갖게 된 것은 지하철 3호선을 세울 때가 처음이었어요. 아직도 2003년 대구지하철 중앙로 참사에 대한 기억이 생생해요. 사고 현장 인근에 있었거든요. 두 번씩이나 지하철 사고를 낸 적 있는 대구에서, 세월호 사건이 일어나서 사람이 죽었는데 사람들이 또 돈 이야기를 하고 있는 거예요. 참사가 일어난 이유도 '돈이 최고'인 구조 때문인데 말이에요. 구의역에서 청년이 사망한 사건도 같은 이유로 일어난 일이고요.

곧 최저임금이 결정되는 시기인데요, 사람 목숨을 돈으로 매기겠냐마는, 사망사고 발생시 보상금액을 높게 책정하면 기업 입장에서 안전시스템 구축 비용보다 보상비가 많게 되어 안전에 좀 더 신경을 쓰게 되지 않을까, 사람 목숨을 함부로 대하는 시스템이 좀 달라지지 않을까 하는 생각도 해봅니다. 포항에서 아르바이트생이 쇳물에 빠져 죽는 이런 일을 막지 못하는 후진적 시스템을 해결하는 것에서부터 우리 사회가 달라져야 한다고 생각해요."

마지막으로 남숙경 씨는 다음과 같은 이야기로 끝을 맺었다.

"지금까지는 이기는 사람이 정의로운 사람으로 평가되는 사회였다고 생각합니다. 일제 치하에서 목숨을 내놓고 나라를 구했는데도 북한 땅에 있다는 이유로 빨갱이가 되어서 그 자손들은 인정도 받지 못하는데, 오히려 나라를 팔아먹은 사람들이 주인 노릇을 하고 있는 사회니까요. 그래서 솔직히 지금은 '희망이 있어!'라는 마음보다 절망을 더 많이 배워서 힘든 마음이 큽니다. 그러나 이 또한 우리 사회를 알아가는 과정에서 거쳐야 하는 감정일 것이라고 생각합니다.

배우면서, 조금씩 더 성장하면서 우리 아이들이 바른 나라에서 살아가는 데 보탬이 되는 사람이 되었으면 하고요, 그다지 특별하지는 않지만 매일 매일을 열심히 살고 있습니다."

우리 아이들이 바른 나라에서 살아가는 데
보탬이 되는 사람이 되고 싶어요
특별하지는 않지만 매일 매일을 열심히 살고 있습니다

2016년 6월 25일 광화문에서 열린 세월호 800일 대회에서 단원고 2학년 3반 유예은 학생의 아버지이자 4·16가족협의회 집행위원장인 유경근 씨는 "열 번을 지고 백 번을 지더라도 우리는, 단 한 번만 이기면 된다"고 말했다. "오늘 지는 것처럼 보이는 이 과정이 마지막 순간, 단 한 번 이기는 그 순간을 위한 밑거름이 될 것이고 디딤돌이 될 것"이니 "참사의 원인이 밝혀지고 안전한 나라가 만들어지는 그날까지 긴 시간, 긴 여정을 함께 포기하지 않고 걸어왔구나, 서로에게 박수쳐 주고 환호성을 칠 수 있는 그 자리에 여러분들과 함께 끝까지 남아 있기를 간절히 소망한다"고 호소했다.

도종환 시인은 "희망의 바깥은 없다"고 노래했다. 남숙경 씨의 말처럼 오늘 우리의 현실이 어려울지라도, 우리의 활동이 특별하지 않을지라도, 매일 매일을 열심히 살아가는 일, 그런 나로부터 희망은 조금씩 지펴지고, 단 한 번 승리로 가는 날도 가까워질 것이다. 세월호참사의 진실과 안전하고 정의로운 나라를 위해 오늘 거리에서, 자기가 있는 곳에서 땀 흘리고 마음을 보태는 평범한 사람들이 바로 '우리'이기 때문이다.

희망의 바깥은 없다

도종환

희망의 바깥은 없다
새로운 것은 언제나 낡은 것들 속에서
싹튼다 얼고 시들어서 흙빛이 된 겨울 이파리
속에서 씀바귀 새 잎은 자란다
희망도 그렇게 쓰디쓴 향으로
제 속에서 자라는 것이다 지금
인간의 얼굴을 한 희망은 온다
가장 많이 고뇌하고 가장 많이 싸운
곪은 상처 그 밑에서 새 살이 돋는 것처럼
희망은 스스로 균열하는 절망의
그 안에서 고통스럽게 자라난다
안에서 절망을 끌어안고 뒹굴어라
희망의 바깥은 없다

엄마들이 그만두기 전에는 그만둘 수 없다는 마음으로

꾸준히 마을을 밝히는
'달서구 촛불'

한민정 · 지명희 · 강동민 씨

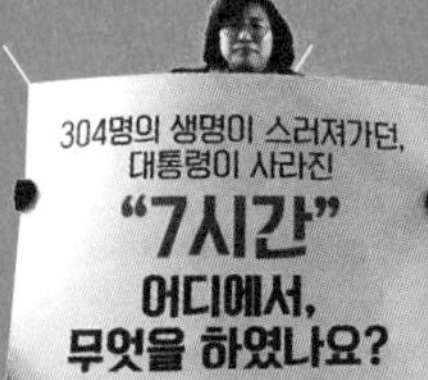
304명의 생명이 스러져가던,
대통령이 사라진
"7시간"
어디에서,
무엇을 하였나요?

꾸준히 마을을 밝히는 '달서구 촛불'

한민정 · 지명희 · 강동민 씨

세월호를 기억하며 곳곳에서 활동하고 있는 대구 사람들을 찾아다니면서, 신기하게도 인터뷰를 하면 할수록 만나고 싶은 사람들이 자꾸 생긴다. 이번 만남은 달서구에서 세월호 인양과 참사 진상 규명 활동을 열심히 한 덕분에 회원도 늘고, 회원들끼리 더 친해지고 결속력이 높아졌다는 '대구여성광장'과 '대구노동세상' 회원들을 만났다.

대구여성광장 대표인 지명희 씨와 회원인 한민정 씨, 그리고 대구노동세상 회원인 강동민 씨. 세 사람으로부터 왜 세월호 활동을 열심히 하고 있는지, 세월호 활동을 하면서 달서구에서는 무엇이 달라지고 변했는지에 대한 이야기를 들었다.

먼저, 지명희 씨는 스스로에게 끊임없이 '내가 왜 이렇게 열심히 세월호 싸움을 하고 있는가'를 묻는다고 한다.

"광우병이나 국정원 선거 개입 같은 다른 사회문제들에 대해서는 단체 상근활동가로서 마땅히 함께해야 한다는 책임감이 컸던 반면, 세월호 문제는 내 문제처럼 감정이입이 된다는 것이 첫 번째 이유라는 생각이 들어요. 그리고 상인동 가스폭발 사건, 대구지하철 화재 사건은 세월호참사처럼 많은 아이들과 시민이 희생된 가슴 아픈 사건인 것은 마찬가지이지만, 그날의 사건 자체는 납득이 되는 상황이라는 점에서 다르다는 생각이 들었어요. 대구지하철 방화 사건은 방화범이라는 구체적이고 명확한 이유가 있었고, 가해자와 사건의 과정이 국민들에게 밝혀졌잖아요.

그에 비해 세월호참사는 순간적으로 펑 터져서 끝난 사건이 아니라 전 국민을 상대로 느리게 진행되었고, 구할 수 있는 상황에서도 희생자들을 구하지 못했고, 아직 원인도 과정도 제대로 밝혀진 것이 없으니까요. 그리고 무엇보다도 부모님들이 나서서 아직도 국민들에게 손을 내밀고 계시고, 이에 국민들이 부응하고 있다는 것, 이것이 우리를 지금까지 움직이게 하고 있다는 생각이 듭니다."

한민정 씨는 세월호참사 당시 2014년 지방선거에 구의원 후보로 출마를 한 상태였다. 선거를 마치고 남은 일을 마무리하고 있던 상황에서 이처럼 열심히 활동을 하게 된 것은 달서구 4·16약속지킴이인 김미경 선생님과 이명희 씨 덕분이었다고 한다.

"왜 이렇게 열심히 하고 있는가 물어보면 솔직하게 두 언니 때문이지요. 모든 일이 원래 한 명이 시작하고, 두 명이 만나고, 세 명이 모이면서 모두에게 번져 나가는 이치가 있잖아요. 달서구에서는 김미경, 이명희 두 언니가 세월호 활동의 중심을 아주 튼튼히 잡고 있었기 때문에 여기까지 올 수 있었다고 생각합니다."

교사인 김미경 씨와 달서구 주민인 이명희 씨는 세월호참사가 벌어지자 아이들을 구해 달라는 서명 활동을 자발적으로 시작했던 분들이고, 지금까지 누구보다 열심히 세월호 활동을 진행하고 있다.

처음에는 세월호 문제를 회피하고 싶었어요
이 거대한 구조적 문제가 개인이 열심히 한다고
해결되겠는가 착잡한 마음이 컸어요

당시 한민정 씨에게 세월호참사는 우리 사회의 모든 문제가 총체적으로 얽힌 구조적 문제로부터 발생한 사건이라는 것을 절실히 실감하게 한 사건이었다. 그러기에 어디서부터 어떻게 손을 대야 할지, 우리 사회의 구조적 문제가 과연 해결이 가능하기는 하겠는지, 절망과 좌절을 안겨준 사건이기도 했다.

"처음에는 세월호 문제를 회피하고 싶었어요. 일본에서 만들었다는 영상 같은 건 짓눌려서 볼 수도 없었어요. 세월호참사가 이제까지 내

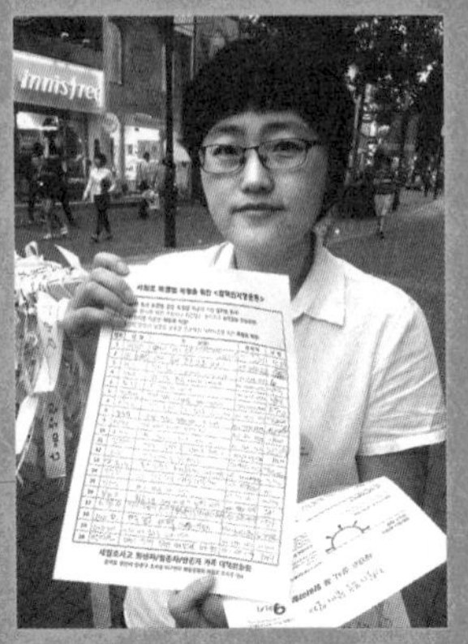

1. 세월호참사 2주기 대구시민대회에서 사회를 보고 있는 한민정 씨.
2. 대구 시내 동성로에서 세월호 서명을 받고 있는 지명희 씨.
3. 제5회 달서구평화축제에서 달서구 4·16약속지킴이들과 함께.
4. 달서구평화축제 세월호 부스에서 세월호 리본을 만들고 있는 약속지킴이들.

가 활동해왔던 여러 문제들과 연결이 되면서, 이 거대한 구조적 문제가 개인이 열심히 한다고 해서 해결되겠는가 하는 착잡한 마음이 커서 사건 자체를 외면하고 싶었던 거지요."

한민정 씨는 비록 자신의 고민이 풀리지는 않았지만, 안 할 수 없는 문제라는 생각과 함께 달서구에서 열심히 실천하는 언니와 후배들 모습, 자식을 잃은 단원고 엄마들의 모습을 보면서 자신이 할 수 있는 데까지 해야겠다는 생각이 들었다고 한다. 그렇게 달서구 사람들과 함께 활동을 시작했고 그러면서 오늘까지 왔다. 이렇게 말문을 연 한민정 씨는 웃으며 다음 이야기를 이어나갔다.

이 싸움은 꼭 이겨야 하지 않겠느냐,
이기고 싶다는 대답을 듣고
너무 마음이 아팠던 기억이 납니다

"우리 달서구 사람들 사이에 농담처럼 세월호참사대구시민대책위 김선우 상황실장과 안산 부모님들이 시키면 무조건 다 한다는 말을 하곤 해요.(웃음) 언젠가 대책위 상황실에서 활동하고 있는 정의당 김지훈 후배가 누나는 이길 수 있다고 생각하느냐고 제게 물은 적이 있었어요. 저는 그저 '열심히 해야 안 되겠냐?'는 정도의 대답을 했지요. 그런데 김선우 상황실장이 '이 싸움은 꼭 이겨야 하지 않겠느냐, 이기고 싶다'는 대답을 했다고 해요. 이 말이 너무 공감되고 마음이 아팠던 기억이 납니다.

언젠가 제가 이렇게 계속 세월호 싸움을 끌고 갈 수 없지 않느냐, 어떤 시점에서 일정 정도 매듭을 지어야 하지 않겠느냐는 이야기를 김선우 상황실장에게 한 적이 있었어요. 이 의견에 대해 상황실장이 '엄마들이 그만두기 전에 이 일은 매듭지을 수 없다'는 대답을 했어요. 물론 제 이야기가 활동을 그만 접자는 것은 아니었지만, 그 대답을 들으면서 내 활동의 중심에 엄마들의 싸움이 가장 중요하게 서 있지 않았다는 생각이 들어서 대단히 부끄러웠습니다.

'이 싸움은 이기고 싶다', '엄마들이 그만두기 전에 그만둘 수 없다'는 두 이야기가 이후 제 마음에 자리를 잡았어요. 이 마음으로 나는 앞으로도 계속 할 수 있을 거라고 생각합니다."

엄마들이 그만두기 전에 그만둘 수 없다는 이야기가 이후 제 마음에 자리를 잡았어요

순간 코끝이 찡했다. 벌써 해결되었어야 할 일들이 최소한에서도 이루어지지 않고 있고, 다큐멘터리 〈나쁜 나라〉에서 보여주듯 자식을 잃은 부모들이 '할 수 있는 모든 것'을 했음에도 불구하고 상황은 여전히 처절하다. 누군들 한민정 씨와 같은 고민을 하지 않았다고 할 수 있겠는가. 스스로의 내면에 솔직한 사람과 진심을 다해 유가족들의 아픔을 함께해온 사람이 나눈 대화의 울림이 아직도 내게 남아 있다.

잊지 않겠다, 행동하겠다, 단원고 부모님들 앞에서 한 약속, 지켜야지요

한민정 씨의 고민에 대한 강동민 씨의 답은 좀 더 단순하고 분명했다.

"진보정당 당원은 오래전부터 해왔지만, 단체 활동을 시작한 건 2014년 3월 민호 형의 권유로 대구노동세상 분과원이 되면서부터였어요. 그리고 4월에 바로 세월호참사가 터졌습니다. 그해 여름에 단원고 부모님들이 대구에 오셔서 특별법제정 서명을 받고, 다음날 함께 안산과 서울 집회에 가는 일정에 저도 참가를 했어요. 올라가는 버스 안에서 부모님들이 계신 가운데 모두가 인사를 하는 순서가 있었는데 무슨 말을 해야 할지 정말 막막했어요.

그저 '잊지 않겠다, 행동하겠다'는 말만 생각이 나서 부모님들 앞에서 이야기를 했습니다. 버스에서 처음으로 했던 그 말이 이후 내내 머릿속에 계속 남아 있었어요. 그 말을 했기 때문에 실천하고 약속을 지켜야겠다는 생각이 지금까지 이어지고 있다고 생각합니다. 그때 약속한 것을 지키고, 내가 할 수 있는 일을 하고, 하지 않을 수 없다는 걸 확인하고, 지금 당장 필요한 일을 하는 것이 지금 제가 할 수 있는 최선이라는 생각이 들어요."

하지 않을 수 없다는 걸 확인하고,
지금 당장 필요한 일을 하는 것이
지금 제가 할 수 있는 최선이라는 생각이 들어요

강동민 씨는 자기 말대로 직장 생활을 하는 어려움에도 불구하고 상인동 서명전은 물론 대구시내 한일극장 앞 서명전에도 열심히 참가하고, 노동세상 분과원들과 함께 팽목항과 안산, 광화문을 수도 없이 다녀왔다. 노동세상 분과원들과 함께 활동을 하고, 달서구 촛불을 열심히 하고 있는 분들을 직접 만나고, 유가족들을 만나면서 처음보다 더 마음을 내서 활동에 참가하고, 그러다 보니 해결해야 할 문제들도 더 많이 알게 되고, 또 활동도 더 열심히 하게 되었다고 한다.

그리고 하나 더, 강동민 씨가 열심히 세월호 활동을 하는 이유에는 어머님과 동네 이모님들의 자극이라는 특이한 점이 있다. 세월호 활동을 하면서 어머님께 여러 정황도 말씀드리고 알려드리고 했는데, 돌아서면 또 세월호에 대한 나쁜 선전과 이야기들을 하신다는 것. 지난 1월 23일 안산 '기억과 약속의 길'을 다녀오던 날도 어머님이랑 친한 이모님들이 아직도 그런 곳에 갔다 오느냐, 네가 왜 그런 일을 하느냐고 걱정을 늘어놓으셔서 설명을 한참 했지만 속이 상하더라는 이야기를 전했다. 그래서 더 잘 알려야겠다는 생각이 들고, 올해는 어떻게 해서라도 어머님과 이모님들을 모시고 안산 합동분향소와 교실에 다녀와야겠다는 결심을 했다고 한다. 이 말에 우리는 그 동네에 누구 집 아들이 세월호에 푹 빠졌다고 소문이 자자하겠다는 농담을 주고받으며, 서로에게 따뜻한 웃음을 짓기도 했다.

여성광장은 세월호 활동을 하면서
많은 사람들을 만났고 회원이 늘었습니다
여러 의미로 소중한 경험을 했어요

오늘의 세 사람을 포함한 달서구 촛불은 이 년여 꾸준히 활동을 해오기도 했고, 그 과정에서 사람이 자꾸 불어나고 넓어지는 과정을 밟았다. 대구여성광장의 경우는 지명희 대표의 말대로 세월호 활동을 하면서 정말 많은 동네 주민들을 만났고, 새로운 회원들이 십여 명 가입했으며, 대구시민센터와 6·15공동선언실천 남측위원회 대경본부로부터 상을 받기도 했다. 노동단체인 노동세상은 여성광장처럼 회원이 늘거나 하지는 않았지만, 세월호 활동을 열심히 하는 회원들이 함께 실천 활동을 하면서 더 많이 친해지고 결속력이 높아졌으며, 분과원 전체가 사회문제에 대한 인식과 실천력을 높이는 중요한 경험을 했다.

이렇게 지난 2년 동안 대구여성광장과 대구노동세상은 세월호 활동을 꾸준하고 진정성 있게 하면서 지역 주민들과 시민단체들로부터 존중받고 인정받았다고 할 수 있다.

이에 대한 지명희 대표의 말을 좀 더 옮겨 본다.

"여성광장은 세월호 활동의 가장 큰 수혜 단체라고 할 수 있습니다. 마을 운동을 하겠다고 달서구로 들어와서 3년을 보냈는데, 실제 주민들을 만나는 일, 주민들이 회원이 되는 일 모두 쉽지 않다는 걸 절감했어요. 그랬는데 세월호 활동을 하면서 많은 사람들을 만났고 회원이 늘었습니다. 무엇보다도 주민들의 개인적, 생활적 요구를 넘어선 정치적 사안을 중심으로 건강한 사회의식과 실천에 기초한 마을 공동체가 만들어질 수 있다는 것을 새롭게 깨닫게 되었구요.

아울러 여성운동을 하면서 여성들의 자존감을 높이고 성장을 도모하는 것이 중요한 과제인데, 이것이 개인적인 교양과 자기 성찰 등의 프로그램을 통해서도 이루어지지만, 의미 있는 사회적 실천과 기여, 이에 대한 인정과 지지를 통해서도 가능하다는 소중한 경험을 했습니다."

달서구에서는 노동세상과 여성광장 외에도 생협 조합원들, 전교조 교사들, 민권연대 회원들, 앞산달빛마을, 앞산꼭지 등 여러 분들이 함께 활동을 하고 있다. 어떤 사람은 서명전에 참가하고, 어떤 사람은 단

1. 2015년 3월 '다이빙벨 무료 상영회' 준비 중인 달서구 4·16약속지킴이들.
2. 달서구 성인동에서 세월호 홍보 활동을 함께 하고 있는 시민들.
3. 2016년 12월 대구시국대회에서 세월호 피켓을 들고 있는 강동민 씨.

체 카톡방에 있는 글을 읽고, 어떤 사람은 리본을 만들고, 어떤 사람은 SNS 활동을 하면서 서로 힘을 합치고 있다. 이처럼 세월호 진상 규명이라는 공통의 의제를 갖고 함께 활동하면서 서로에 대한 이해와 존중, 신뢰가 형성된 것은 대단히 중요한 지역의 자산이다. 2015년에는 이러한 성과가 바탕이 되어 평화콘서트를 주최하기도 했고, 앞으로 좀 더 많은 일을 지역에서 함께해 볼 수 있을 것이라는 기대를 한다.

지난 2015년 성서학생문화회관에서 열렸던 단원고 유가족 간담회 때 2학년 3반 유예은 학생의 어머니 박은희 씨는 "우리 아이들의 죽음이 헛되지 않도록 세월호참사의 진상이 규명되고, 안전하고 정의로운 나라가 이루어지기를 바란다"며 "동네마다 안전과 정의를 이야기하는 사람들이 늘어나고 이들이 서로 연대하고 사랑한다면 이것이야말로 하늘에 별이 된 우리 아이들이 우리나라에 주고 간 선물이 될 것이다"는 요지의 말을 했었다.

김미경, 이명희 씨, 두 분들로부터 시작한 세월호 활동이 있었고, 이 두 분의 모습이 주변 사람들을 감동시켰고, 여기에 함께하는 사람들이 생기고, 누군가의 말처럼 '서로가 서로의 코를 꿰는 아주 바람직한 관계'들이 기쁘게 늘어나고 있는 달서구 촛불. 아이들이 주고 간 세상에서 가장 마음 아픈 선물들이 이렇게 이어지고 있다.

세월호참사의 진상을 규명하는 일은 거창한 이념의 문제이기 전에 인간의 문제이고, 양심의 문제라고 생각합니다

"사람이란 누구나 내가 하는 일에 큰 의미를 부여하고 싶어 해요. 촛불이 세상을 밝힌다고 하지만, 사실 촛불은 방 하나 정도 밝히잖아요. 그러나 방 하나를 밝히는 것도 의미 있는 일이고, 다른 촛불이 보고 찾아올 수도 있고요. 세월호참사의 진상을 규명하는 일은 거창한 이념의 문제이기 전에 인간의 문제이고, 양심의 문제라는 생각이 듭니다."

지명희 대표의 이야기에 이어 한민정 씨 이야기.

"이십대 삼십대 초반에는 마음 가는 데 몸 간다는 말이 맞았다고 생각합니다. 그런데 나이가 들수록 마음이 그저 가기가 참 쉽지 않다는 걸 느껴요. 몸을 움직여서 마음을 불러일으켜야 한다는 생각을 요즘은 많이 합니다. 그래서 할 수 있는 한 힘껏 몸을 움직여서 마음을 더 내고 보태야겠다는 생각이 들어요. 부모님을 한 번이라도 뵙는 것과 안 그러는 것이 천지차이인 것처럼, 안산을 가는 등 더 적극적으로 찾아다니면서 활동해야겠다는 생각이 듭니다."

"꼭 해보고 싶은 게 동네 아주머니 안산 방문단을 꾸려서 다녀오는 것입니다. 올해 소망이에요. 단원고 교실을 본 사람과 보지 않은 사람은 큰 차이가 난다는 말이 정말 맞다고 생각합니다. 그리고 대구 중·남구에서 서명판을 한번 펴보는 것. 이 두 가지를 꼭 해보겠다는 다짐을 합니다."

강동민 씨의 올해 소망 이야기이다.

꼭 해보고 싶은 게
동네 아주머니 안산 방문단을 꾸려서 다녀오는 것입니다
올해 소망이에요

인터뷰를 시작할 즈음 방영됐던, 미제 사건을 다룬 tvN의 드라마 〈시그널〉이 끝났다. "미제 사건이 왜 엿 같은지 알아? 범인이 누군지 동기가 무엇인지 모두 밝혀진 사건은 내 가족이 왜 어떻게 무슨 이유로 죽었는지 알았으니까 비록 힘들더라도 시간이 지나면 가슴에라도 묻을 수 있지만, 미제 사건은 내 가족이 내가 사랑하는 사람이 왜 죽었는지도 모르니까 잊을 수가 없는 거야. 하루하루가 지옥 같지"라는 차수연 형사의 말로 시작한 드라마는 "진짜 잘못을 바로잡아야 과거를 바꾸는 거고 미래도 바꿀 수 있어. 포기하지 않으면 돼", "포기하지 않는다면 희망은 있다"는 주인공들의 말로 끝을 맺었다.

반야월 약속지킴이를 만났을 때도, 이번 인터뷰를 하면서도 우리는 모두 세월호 싸움이 얼마나 어려운 싸움인지, 진상이 규명되고 안전한 나라를 만들기까지 얼마나 많은 시간이 걸릴지에 대해 이야기했다. 그 많은 시간 동안 세월호참사 가족들이 겪어야 할 고통에 대해 아파했고, 우리의 싸움이 만만치 않으므로 우리가 가야 할 길을 묻고 확인했다.

곧 세월호참사 2주기인 4월 16일이 된다. 지난 2년을 겪어본 우리는 이제 2년이 된다고 해서 세월호참사의 진실이 밝혀지고, 책임져야 할 사람이 책임지는 사회가 될 거라고 순진하게 기대하지도 믿지도 않는다. 다만 여기에서 약속을 지키고 움직이는 사람들, 포기하지 않고 오늘을 사는 사람들, 서로를 격려하며 더욱 커지고 넓어지는 우리가 희망임을 믿는다.

세월호의 고통을 함께해온 분들

송경필 · 최호선 선생님

세월호는
인간 존엄의 문제이며
우리 사회의
시대정신입니다

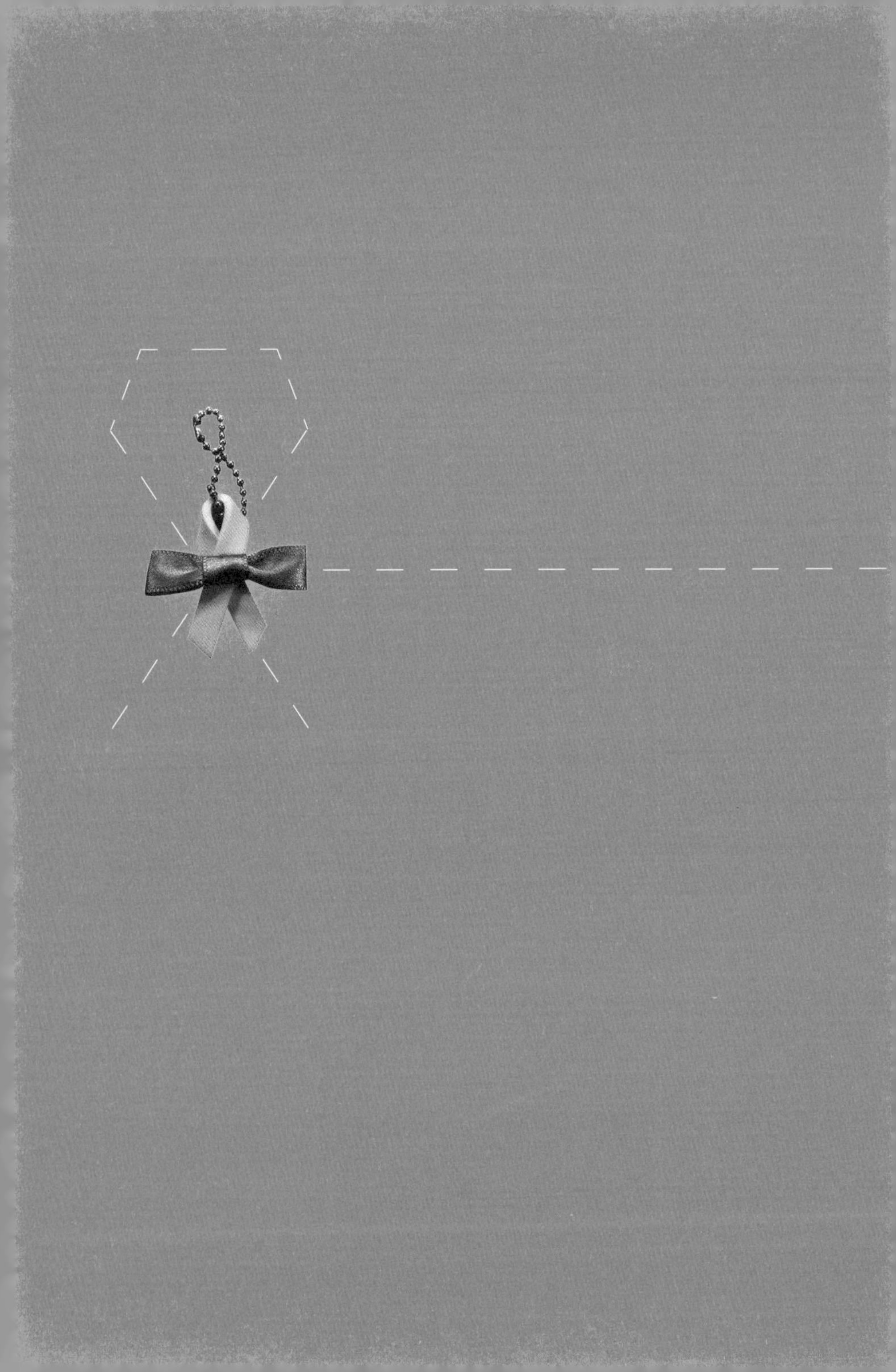

세월호의 고통을 함께해온 분들

송경필 · 최호선 선생님

마치 재해 같았던 한여름 더위가 가시고, 이제 얼마 있으면 추석 명절이, 그리고 세월호참사 900일(2016년 10월 1일)도 다가온다. 세월호의 선수를 드는 작업은 성공했지만, 팽목에는 미수습자 가족들이 하루하루 피 말리는 심정으로 선체 인양을 기다리고 있다. 광화문과 민주당사에서는 유가족들이 특별법 연장과 특조위 활동보장을 요구하며 보름 넘는 무기한 단식과 당사 점거농성을 진행했다.

대구에서도 지난 8월 25일부터 세월호 유가족들과 함께하는 동조단식을 시작했다. 한편 대구 인근 성주와 김천에서는 사드 배치를 막으려는 국민들이 나서서 자신들의 안전과 권리를 위한 싸움을 쉬지 않고 하고 있다.

유가족들이 단식 농성을 시작하기 며칠 전인 8월 17일 세월호참사 이후 꾸준히 활동해온 치과 의사 송필경 선생님과 심리학자 최호선 선생님 두 분을 만났다.

송필경 선생님은 '건강사회를 위한 치과의사회'와 환경운동연합 등 시민단체 활동을 꾸준히 해오셨고, 근래에는 '두목회'(두번째 목요회)라는 단체 이름으로 다양한 강좌를 열고 있다. 세월호참사를 주제로 한 강연도 열고, 대구 지역 활동에도 늘 관심을 갖고 적극적으로 참가해 오셨다. 최호선 선생님은 세월호참사 직후인 4월 29일부터 일주일간 팽목에 머물며 참사로 희생당한 분들의 시신을 존엄하게 보내드리기 위한 자원봉사 활동을 하셨고, 이를 계기로 지금까지도 가족들의 고통을 나누기 위해 많은 노력을 하고 있다.

아이들이 서서히 죽어갈 때
어떤 고통에 놓였겠는가
생각만으로도 엄청난 분노가 솟구쳤습니다

먼저, 세월호참사가 자신에게는 어떤 의미인지에 대해 두 분의 이야기를 들었다. 세월호참사가 일어나던 날 마침 베트남에 나가 있어서 배가 기울어진 것을 방송으로 보았고, 귀국해서는 정말 큰 충격을 받았다는 송필경 선생님의 말씀이다.

"2003년 대구지하철 참사가 일어난 후 시민사회단체들로 구성된 시민대책위원회가 만들어졌고, 저는 그때 공동위원장을 맡아 활동을 했습니다. 그때 여러 가지 가슴 아픈 일이 많이 있었지만, 아직도 기억나는 것이 스물여섯 살 청년이 마지막 순간 애인에게 보낸 '나는 지금 죽고 있어요'라는 문자입니다. 독한 가스에 그 순간 얼마나 고통스러웠을까요?

그런데 세월호참사로 희생된 분들은 그 고통스러운 순간을 어쩌면 길게는 열 시간씩 견디다 숨졌을 것입니다. 거기에서 아이들을 한 명도 구해내지 못했다는 것은 도대체 있을 수도 없고, 정말 용서할 수 없는 일이라는 생각이 들었습니다. 지하철 참사 희생자들이 2~3분 만에 숨진 것이 오히려 행복하다고 할 정도로 기가 막힌 일이지요. 배는 뒤집어지고, 핸드폰도 안 되고, 선실에 갇혀서 아이들이 서서히 죽어갈 때 어떤 고통에 놓였겠는가, 생각만으로도 엄청난 분노가 솟구쳤습니다. 그래서 이 일은 어떻게든 끝까지 해결해야 하는 일이라는 생각을 했습니다."

아이들이 올라올 때마다
무엇이든 꼭 하겠다고 약속했어요

그리고 이어진 최호선 선생님의 이야기는 옮겨 쓰는 지금도 마음이 아픈 이야기였다.

“세월호가 침몰하던 4월 16일 수요일 아침 첫 시간에 강의가 있었는데, 강의 끝나면 다 구출되어 있을 거라고 생각했어요. 왜냐하면 아버지가 마도로스였기 때문에 배에 대한 경험이 많은 편이라 방송으로 침몰 상태를 봤을 때 다 구할 수 있겠다고 생각을 했어요. 당시에는 국민이면 누구나, 야당 여당 가릴 것 없이 한 명이라도 더 구하기를 바라는 마음으로 기다렸지 않습니까? 그런데 결국 한 명도 구하지 못하고 다 잃었어요. 저는 개인적으로 이 일을 겪은 우리 세대의 공통점이 무기력이 되지 않을까 하는 걱정을 하고 있어요.

그러다가 4월 29일 팽목에 가게 되었어요. 가던 날 아홉 명이 올라왔습니다. 돌아가신 분들을 많이 보는 일을 하니까 그때면 시신들의 상태가 어느 정도일 거라는 짐작을 하면서 갔는데, 제가 처음 본 남학생은 참혹한 상태였어요. 그렇게 애들을 받으면서 그때 제가 했던 약속 때문에 이후에도 계속 무엇인가를 했고, 여기 이 자리에도 나와 있을 거예요. 사람이면 다 마찬가지일 텐데 애들이 올라올 때마다 ‘내가 뭘 할지는 모르겠지만 무엇이든 꼭 하겠다’고 약속했어요.

그리고 이후에는 정말 별의별 일을 다 했습니다. 가장 가까이에서 가장 처음 그 사람들을 만났기 때문에 제게는 세월호참사가 남의 일이나 뉴스가 아닌 거예요. 그래서 이렇게 지금까지 오고 있는 거지요.”

최호선 선생님에 이어 송필경 선생님의 이야기가 이어졌다.

"나는 우리나라 국민들이 한 번도 윤리적 완성을 경험한 적이 없었다고 생각합니다. 이번 세월호 문제를 우리 사회 전체의 윤리와 책임을 바로 세우는 중요한 계기로 삼아야 한다고 봅니다.

세월호 문제는 끝까지 싸워서,
우리 사회의 윤리의식과 책임의식을
제대로 세우는 계기로 삼아야 합니다

우리나라 역사를 돌아보면 소위 집권층이 국민적 사안에 대해 책임을 제대로 진 적이 없었습니다. 임진왜란부터 이야기를 하자면 너무 길어질 테니 생략하겠습니다. 임진왜란 이후 30년 뒤에 일어난 정묘호란과 병자호란 때 이야기를 해보겠습니다. 당시에는 청나라가 세계적으로 앞서가던 시기로 광해군이 청과의 외교를 원만하게 풀고 있을 때였지요. 그런데 이런 상황이 대대로 명나라에 자기 이해관계를 가지고 있던 세력들에게는 손해가 되는 일이었기 때문에 당시 서인들이 인조반정을 일으켜 광해군을 폐위시키고 청나라를 오랑캐라고 멸시했습니다. 이에 대한 응징으로 청나라가 조선을 친 것이지요.

다들 잘 알다시피 이때 우리 왕이 청태종 앞에 꿇어앉아서 세 번 절하고, 절할 때마다 맨땅에 이마를 세 번씩 찧는 굴욕을 당했습니다. 그런데 이보다 더한 것은 청이 20만 명의 조선 아녀자를 끌고 간 것입니다. 이에 대해서도 집권층은 아무런 대책이 없었습니다. 그리고 이후에 고향으로 돌아온 그 여성들을 무엇이라고 불렀습니까? 화냥년(환향녀)이라고 멸시했습니다.

당시 집권층인 사대부들이 현실을 제대로 보지 않고 청을 멸시하고 무시하다가 동양에서 가장 뒤떨어진 나라가 되었기 때문에 일어난 전쟁이 정묘호란과 병자호란이었습니다. 그런데 집권층은 오히려 자신들의 무능과 죄악을 20만 명의 억울한 조선 아녀자들에게 덮어씌우고, 교묘하게 이슈를 만들어 자신들이 져야 할 책임을 하나도 지지 않았습니다. 그 당시의 권력층이 그대로 남아서 서인으로 살아남고, 매국하고 친일하면서 지금까지 이어져온 것이 우리 역사입니다. 우리나라에서 집권층이라는 사람들이 소위 '노블레스 오블리주'를 한 번도 한 적이 없었던 것입니다.

세월호나 사드 배치나 다 똑같은 문제입니다.

300명이 넘는 아이들이 그렇게 죽었으면 장관부터 시작해서 대통령까지 사과하고 책임져야 하는데, 오히려 더 뻔뻔한 짓을 하고 있습니다. 유족들을 갈라치기 하고, 한 사람도 책임지는 사람이 없습니다. 그동안 역사를 거치며 우리 국민들의 의식도 이제는 달라졌다고 생각합니다. 세월호 일은 정말 끝까지 싸워서 우리 사회 전체의 윤리의식과 책임의식을 제대로 세우는 계기로 삼아야 합니다. 놓치지 않고 끝까지 붙들고 나가서 정말 책임져야 할 사람들이 책임지게 해야 우리

민족의 본때를 보여줄 수 있습니다."

그리고 이어진 최호선 선생님의 이야기는 또 다른 측면에서 세월호 참사의 아픔을 잘 해결하는 일이 얼마나 중요한 일인가를 깊이 고민하게 하였다. 개인을 위해서도 우리 사회 전체의 오늘과 미래를 위해서도.

멀쩡한 교실 창문으로
물이 들어오는 것 같다는 아이들도 있어요
열일곱 살 아이들한테는 엄청난 충격인 거죠

"저는 요즘도 학생들한테 편지를 많이 받아요. 당시 세월호를 탔던 단원고 아이들하고 같은 나이의 아이들이 많아요. 우리의 일상은 아무렇지 않은 것처럼 흘러가지만 특히 그 나이 때의 아이들에게는 굉장한 충격이었던 거예요. 슬픔보다는 충격이 일차적인 거죠.

편지들을 보면, 학교에서는 나라나 경찰이 국민을 보호하고, 국민은 의무를 다한다고 배웠는데, 세월호참사를 겪으며 사회가 국민을 보호하지 않는다는 걸 아이들이 봐 버렸다는 걸 알 수 있어요. 이건 세계가 무너지는 경험이에요, 사춘기 아이들에게는요.

편지를 보낸 아이들 중에 '멀쩡한 교실 창문으로 물이 들어오는 것 같다'는 아이들도 있어요. 사실 어른들은 나이가 들면서 그런 스트레

스에 대처하는 능력이 생길 수 있어요. 그러나 열일곱 살 아이들한테는 엄청난 충격인 거죠.

저는 이 아이들이 사회와 어른을 어떻게 볼 것인가, 무서워요. 대구에 사는 아이였는데, '노란 리본 달고 집에 가서 엄마한테 내가 세월호에 있었어도, 엄마 그렇게 말할 거야?'라고 물어보고 싶었다는 메일을 보내왔어요. 그 아이가 어떤 심정이었을까 생각하면 지금도 마음이 아프고, 소름이 끼쳐요.

다음 세대들이 사회와 어른을 어떻게 볼 것인가,
세상을 어떻게 바라볼 것인가,
그게 제일 무섭고 걱정됩니다

또 다른 측면의 사례인데 배에서 마지막 순간에 선생님한테 전화를 한 아이들이 많았어요. 초등학교 선생님한테요. 심리적으로 의지할 곳이 부모가 아니라 초등학교 때 선생님인 아이들이 있었던 거지요. 지금도 저랑 연락하는 선생님들이 몇 분이나 계셔요. 이런 선생님들 이야기 처음 들으셨죠? 이 선생님들은 이중고를 겪고 있어요. 아이들의 마지막 전화를 받았다는 것과, 슬퍼하는 부모님들이 있는데 내가 슬프다고 말할 수도 없다는 것. 그래서 지금도 정신과에 다니는 분들이 있어요.

1. 2016년 9월 대구에서 열린 간담회 '슬픔에게 길을 묻다' 포스터.
2. 대구지하철참사 유가족과 세월호참사 미수습 가족이 함께한 간담회.
3. 최호선 선생님이 간담회의 사회를 맡아 진행했다.
4. 2016년 8월 25일, 세월호 가족과 함께하는 대구시민 동조단식 기자회견.

이렇게 보면 세월호참사는 사고의 희생자나 가족만의 문제가 아닌 거죠. 교사, 안산 지역 사회, 우리 사회 전체, 모두의 오늘과 미래의 문제인 거예요. 그런데 이걸 보상금이 얼마다 이런 식으로만 이슈를 몰고 가버리면……. 제일 무서운 것은 다음 세대인 우리 아이들이 세상을 어떻게 바라볼 것인가, 과연 세상에 어떻게 복수할 것인가예요. 이게 제일 무서워요, 사실은."

최호선 선생님의 말씀에 그동안 끊이지 않던 이야기가 잠시 끊기고, 우리 사이에는 짧지만 깊은 침묵이 흘렀다. 세월호참사가 제대로 밝혀지지도 않고, 이대로 유가족들의 고통이 치유되지 않고 묻혀 버린다면, 우리 사회는 앞으로 어떻게 될까?

세월호참사의 진실을 밝히는 일은 인간의 존엄과 관련되는 문제이며, 우리 시대 첫 번째 과제입니다

우리들의 무거워진 마음을 읽고 말문을 열어주신 분은 송필경 선생님이었다.

"지난 총선에서 야당이 이겼습니다. 현재 우리 사회 언론의 98퍼센트를 조중동이 잡고 있어요. 목욕탕이나 이발소나 온통 조중동이 도배를 하고 있습니다. 어버이연합을 보면 돈도 자금도 엄청 확보하고 있고요. 이런 집권층이 가지고 있는 자본이나 언론장악력을 생각해보면 총선에서 압승을 했어야 하는데, 수도권에서 참패를 했습니다. 이것은 바로 우리 국민들의 의식이 변화하고 있고, 민중이 건강하다는 것을 보여주는 일입니다. 서서히 민중의 인식이 전체적으로 높아지고 있습니다. 세월호 활동도 자세히 보면 국민적 염원과 관심이 오늘까지 이어지고 있습니다.

재난이 일어나면 마녀사냥을 일으켜 문제를 희석시키는 짓을 일삼던 지배권력에 저항한 인간의 역사가 유럽의 근대사라고 볼 수 있습니다. 이제 우리나라도 우리 사회 전체의 윤리와 책임을 바로 세우고 근대적 가치, 보편적 상식이 통하는 사회를 세울 시기가 되었습니다.

미국과 비교해서 1,000대 1의 역량을 가졌던 베트남이 베트남 전쟁에서 미국을 이길 수 있었던 것은, 베트남 전쟁이 인간의 존엄을 위한 투쟁이었기 때문입니다. 세월호참사의 진실을 밝히는 일은 인간의 죽음을 함부로 할 수 없다는 인간의 존엄과 관련되는 문제이며, 그것은 우리 사회의 시대정신입니다. 총선이 끝난 후 이재명 시장이 '우리 시대 첫 번째 과제는 세월호다'라고 이야기했고, 조국 교수는 '이런 꼴 안 보려면 정권교체 해야 한다'고 말했습니다.

나는 가능성이 있다고 봅니다. 세월호참사는 매우 가슴 아픈 일이지만, 우리 사회가 인간의 존엄성을 회복할 수 있는 절호의 기회이며 우리가 반드시 해결해야 할 사건입니다. 우리의 과거를 반성하고 미래에 이런 일이 일어나지 않도록 하려면 세월호 문제를 정말 잘 해결해야 합니다. 그리고 그렇게 한다면 향후 부도덕하며 정의롭지 못한 자들이 다시는 정권을 잡지 못할 것입니다."

송필경 선생님의 말씀에 이어 최호선 선생님도, 지금 사드 배치를 반대하며 성주 군민들이 잘 싸우고 있는 데에는 여러 이유가 있겠지만, 세월호 문제가 중요한 바탕이라고 본다는 이야기를 하셔서 우리는 모두 공감을 표했다.

우리 국민 모두가 '국가란 무엇인가' 물었고, '가만히 있으라'고 배워왔던 것에서 벗어나고 극복하는 과정이었다는 생각이 듭니다

자리에 함께한 세월호참사대구시민대책위원회 김선우 상황실장이 보탠 이야기는 우리의 고민을 또 다르게 발전시켰다.

"최호선 선생님 말씀대로 지난 2년을 돌아보면 우리 국민 모두가 '국가란 무엇인가'에 대해 물었고, '가만히 있으라'고 배워왔던 것에서 벗어나고 극복하는 과정이었다는 생각이 듭니다. 구의역 청년노동자의 사고사나 강남역 여성 혐오살인에 대해서도 국민들이 이제는 더 이상 가만히 있지 않겠다며 각자가 자기의 방식으로 말하고 요구하는 정도로 우리 사회 전체가 나아가고 있는 게 보입니다.

그리고 저도 세월호 활동을 하면서 현대사회에서 참사를 통해 만들어진 트라우마를 풀려면 사회적 해결 과정, 재사회화 과정을 반드시 거쳐야 한다는 걸 알게 되었습니다. 지난 2년 동안 가족들도, 분노하고 싸우고 본인들이 주체로 나서는 과정을 거치면서 스스로 치유하기도 하고, 여기까지 왔다고 생각합니다. 개인적으로는 저도 그 과정에서 치유와 위안과 학습이 이루어졌다는 생각이 들구요.

그런데 지금이 딱 막히는 시점인 거예요. '2년 넘게 싸워 왔는데 바뀌는 게 없구나'라고 생각하는 분들도 있을 것이고, 조금 더 힘을 내야지 하는 분들도 계실 텐데, 지금이 딱 뭔가에 막혀 있는 그 시점이라는 느낌은 다 같지 않을까 하는 생각입니다. 세월호 문제를 풀려면 여기서 무언가 변화하고 달라져야 한 단계 더 나아갈 수 있을 텐데, 기존의 틀과 사람과 방식으로는 매우 부족하구나, 그게 무엇일까 하는 고민이 많이 드는 요즘입니다."

이에 대해 최호선 선생님은 두 가지를 짚어주셨다.

첫째는 "송필경 선생님의 말씀대로, 누군가 끝까지 책임을 지고 죗값을 치르는 경험을 우리 사회가 단 한 번이라도 하기 위해서는 세월호 활동을 전체적으로 재정비해야 할 시점이 지금"이라고 생각한다며, 시민사회단체나 SNS활동가들의 순기능이 매우 크고 훌륭하지만, 한편으로는 역기능을 점검해야 한다는 것이다. 정확하지 않은 정보를 확대 재생산하거나, 가족들이 밝히지 않은 사실을 유가족들의 입장인 것처럼 나서서 유가족보다 먼저 움직인다거나, 과잉 공명심에 사로잡혀 국민들이 오해할 수 있는 과도한 언사나 행동을 해서는 안 된다는 것이다. 지난 시기 동안 어떤 측면에서는 스스로의 활동도 그러한 면이 없었는지 성찰한다는 이야기와 함께.

둘째는 당사자들로부터 시작해서 사회 구성원 전체가 '재사회화'의 과정을 밟아야 한다는 것이다. 최호선 선생님은 900일이 다 되도록 딸의 얼굴을 보지 못한 미수습자의 어머니가, 세월호 인양을 위해 투입된 중국 선원들이 배에서만 생활하고 있는 것에 마음 아파하며 편지를 보내겠다고 한다는 이야기를 전하며, 고통의 당사자들이 슬픔에 매몰되는 것이 아니라 공부하고 스스로를 객관화하는 과정을 통해 달라지는 것은 매우 중요한 일이라는 이야기를 전했다.

세월호 문제가 어떻게 해결되느냐가
우리 사회의 수준을
보여주는 거울이고 시금석입니다

인터뷰를 마무리하면서 두 선생님과 우리는 지난 8·15 대통령 축사에 대한 이야기, 친일파 아버지도 그 딸도 대통령을 하는 나라에 사느라 화병이 도대체 낫지를 않는다는 이야기, 한 번도 제대로 응징하지 못했던 우리 역사에 대한 이야기, 치유의 과정으로 가려면 책임 소재를 분명히 해서 응징할 사람을 무조건 응징해야 한다는 이야기, 응징과 복수는 다르다는 이야기 등 여러 이야기와 소회를 나누었다.

최호선 선생님은 "세월호 문제가 어떻게 해결되느냐가 우리 사회의 수준을 그대로 보여주는 거울이고 시금석일 것"이라며, "세월호 문제는 우리 모두의 존엄에 대한 문제, 이미 다 끝난 일이라고 하는 사람들의 존엄까지 지키는 일"이니 힘들더라도 중요한 일을 놓치지 말고 잘 해달라는 부탁과 고맙다는 말씀을 하셨다.

송필경 선생님은 세월호 문제가 사드 문제고, 사드 문제가 천안함 문제다, 인류의 문제인 세월호 싸움을 여러분들이 끝까지 관심을 놓치지 않고 싸우는 것처럼 나도 어떤 방법으로든 함께하겠다, 사람이 사회를 볼 때 돋보기로도 보고 망원경으로도 본다, 이 두 가지를 동시에 같이 하면서 세월호 문제를 풀어나가야 한다며, "끝까지 좀 해주이소"라고 거듭 당부하셨다. 그 말씀에 김선우 상황실장도 나도 덜컥 "예" 하고 대답을 해버렸으니, 우리에겐 이제까지처럼 여전히 걸어갈 일만 남았다.

세월호를 이야기하고 싶은 대학생들, 와서 함께합시다!

'416공방 더 리본'

이수림 · 조상준 · 정해인
민소현 · 길정혜 씨

416공방

'416공방 더 리본'

민소현 · 길정혜 씨
이수림 · 조상준 · 정해인

세월호참사 600일(2015년 12월 6일)이 지났다. 시내에서, 동네에서 서명을 받고 리본을 나눠주면서 지나가는 사람들에게 제일 많이 듣는 말이 '아직도'이다. 어떤 사람은 "특별법도 만들어졌고 정부가 인양도 한다고 했으니 다 된 거 아니냐"고도 하고, 또 어떤 사람은 "이제 그만할 때도 되지 않았느냐, 지긋지긋하다"며, 숨져간 아이들이 아니라 대통령이 불쌍하다고, "효녀 대통령이 무슨 잘못을 했냐"고 적대감을 드러내기도 한다.

이에 대한 세월호 약속지킴이들의 대답은 이렇다.

"네, '아직도'가 맞습니다. 세월호참사로 304명의 생명이 숨지고 600일이 지났는데도 가족들이 여전히 서명을 받고 있습니다. 세월호참사의 진상은 하나도 밝혀지지 않았고, 팽목항 맹골수도에는 아직도 아홉 명의 사람이, 우리의 가족이 차디찬 바다에 갇혀 있습니다. 그래서 이렇게 아직도 우리가 거리에 있습니다!"

이렇게 슬픔이 강물처럼 흐를 때는 좋은 사람 얼굴을, 목소리를 떠올리는 것이 상책이리라. 세월호참사 600일 대구시민대회를 앞두고 만났던 '416공방 더 리본' 멤버들의 얼굴과 목소리를 떠올려 본다.

매주 목요일,
세월호 기억 리본과 팔찌를 만드는
'416공방 더 리본'

요즘 대학생들은 스펙이며 시험에 정신 차릴 틈도 없이 살아간다는데, 이 친구들은 일주일에 한 번씩 꼬박꼬박 모여 세월호 기억 리본과 세월호 팔찌를 만들고 있다.

이런 대학생들이 있다는 소식을 들은 순간부터 고맙고 반가운 마음에 한 번은 꼭 만나고 싶었다. 그리고 드디어 지난 2015년 11월 20일 경산시내 식당에서 세 학생을 만났다. 그 자리에는 학생들에게 세월호 리본 공방을 만들자고 제안하고 매주 목요일 활동을 함께 하고 있는 선배인 길정혜, 민소현 씨도 동석하여 이야기를 나누었다. 자리를 잡고 앉아서 인사를 하고는 먼저 어떤 심정과 계기로 '416공방 더 리본'을 하게 되었는지 물었다.

2014년 4월 16일 세월호참사 소식에 너무 놀라고 마음이 아팠던 정해인 학생은 사건이 잠잠해진 이후에도 JTBC 뉴스를 챙겨보며 지냈다고 한다. 그러던 어느 날 학교에 걸린 '416공방 더 리본' 포스터를 보고는 반가운 마음에 바로 가입을 했다.

세 명의 학생 중 제일 언니인 이수림 학생은 작은 입매로 당차게 말했다.

"솔직히 세월호처럼 너무 힘들고 아픈 이야기를 직접 대면하는 게 힘들었습니다. 꾸준히 일주일에 한 번씩 모이는 것도 쉽지는 않아요. 하지만 학교에서 누군가 일부러 찢어놓은 것으로 보이는 '더 리본' 포스터를 보는 순간, 막 화가 나서 오히려 더 가입해서 활동해야겠다는 생각이 들었습니다."

누군가 찢어 놓은 416공방 포스터를 보는 순간
막 화가 나서 오히려
더 가입해서 활동해야겠다는 생각이 들었어요

조상준 학생은 지난 2015년 12월 4일 세월호참사 600일 대구시민대회 때 추모 노래를 부르기도 했다. 본인의 표현을 빌자면 '쓸데없는 정의감'을 가진 청년인데, 이 '쓸데없는 정의감' 때문에 피해를 감수해야 하는 경우가 있었다고 한다. 노래 실력이 수준급이라 관에서 진행하는 행사에 봉사 활동도 가고 공연도 많이 하는데, 한번은 공연을 하면서 세월호참사와 관련해 국가를 비판하는 발언을 했다고 한다. 그런데 이 일이 있고 나서 예정되었던 행사가 취소되고, 관의 지원금도 딱 끊겨 버렸다는 것. 유명한 연예인만 수모를 당하는 것이 아니라, 지방과 동네에서조차 이제 막 문화예술 활동을 하려고 하는 젊은이들까지도 대통령을 반대하면 배제하고 불이익을 주는 것이다.

국가가 사실을 숨기고,
진실을 밝히는 걸 방해하는 사회라는 생각이 들어요
저는 깨끗한 사회에서 살고 싶어요

"세월호참사의 피해자나 국민들은 모두 참사의 진상을 알고 싶어 하는데, 우리 사회는 오히려 국가가 사실을 숨기고, 진실을 밝히는 걸 방해하는 사회라는 생각이 들어요. 나라의 지도층이라면 평범한 국민들과 함께 가야 하는데, 자기 가까운 사람들만 챙기는 경향이 너무 강해요. 주변에 큰 사건 사고가 얼마나 많나요? 이런 나라에서 국민이 할 수 있는 게 없는 사회는 정말 탁한 사회라고 생각합니다. 저는 깨끗한 사회에서 살고 싶은 바람이 있어요."

'깨끗한 사회에서 살고 싶다'는 조상준 학생의 바람. 세월호참사로 사랑하는 가족을 잃은 유가족들도, 대부분의 국민들도 모두 같은 바람일 것이다. 그저 깨끗하고 정의로운 사회에서 사랑하는 사람들과 함께 살 수 있기를, 사랑하는 사람을 터무니없이 잃지 않고 지키면서 살 수 있기를.

한 명이라도 오면 좋겠다, 그 한 명과 함께 시작해야겠다, 라는 마음으로 포스터를 붙였어요

학생들의 이야기를 들으며 처음 세월호 리본 공방을 해보자는 포스터를 붙인 언니들이야말로 귀한 사람이라는 생각이 들어, 처음 이런 생각을 하고 제안한 이유를 물었다.

포스터를 직접 그리고 대학교마다 직접 붙이고 다닌 민소현 씨의 이야기.

"세월호참사는 국민들이 모두 가슴 아파하는 일이잖아요. 대학생들 중에도 관심을 갖고 뭐라도 해보고 싶은 친구들이 있을 거라는 생각을 했어요. 사실 집회에 나가거나 직접적인 행동을 하는 건 쉬운 일도 아니고, 부담이 되는 일이잖아요. 하지만 리본을 만들고 주변 사람과 시민들에게 나눠주는 일은 같이 할 수 있겠다고 생각했어요. 그래서 '한 명이라도 오면 좋겠다, 그 한 명과 함께 시작해야겠다'는 마음으로 포스터를 붙였어요."

1. 매주 모여 세월호 기억 리본을 만들고 있는 대학생들.
2. 민소현 씨가 직접 그린 대학생 '416공방 더 리본' 모집 포스터.
3. 진도 팽목항을 함께 찾은 '더 리본' 회원들.

꾸준히 리본 공방에 참여해온 학생들의 이야기를 들으며 그동안 제일 기억에 남는 일은 무엇일지가 궁금했다. 또 가족들이나 주변 사람들은 이런 활동을 하고 있다는 걸 알고 있는지도 물었다.

용기를 내서 주변 사람들에게 리본을 나눠줬는데
다들 고마워하면서 받아 갔어요
마음이 조마조마했는데 정말 고마웠어요

이수림 학생은 리본을 아는 사람에게 나누어줬을 때가 제일 기억에 남는다고 한다.

"길에서 모르는 사람들에게 리본을 나눠줄 때 안 받는 사람이 있는 건 어쩔 수 없다고 생각하지만, 내게 의미 있는 사람들이 받지 않으면 마음에 상처가 생길 것 같았어요. 친하게 지낸 과 선배가 한 명 있었는데 알고 보니 일베라서 충격을 받은 적이 있거든요. 그래서 내 주변 사람들이 내가 하는 일을 지지해 주지 않으면 어쩌나 하는 두려운 마음이 컸어요. 그런데 제가 세월호 리본 공방 하는 걸 알고 리본을 나눠 달라는 사람이 한 명 있었어요. 덕분에 용기를 내서 모임 사람들에게 리본을 나눠줬는데, 다들 고마워하면서 받아 갔어요. 마음이 조마조마했는데, 정말 고마웠어요."

정해인 학생은 인천이 고향이라 고등학교까지 인천에서 지내다가 대학 진학을 대구로 했다며 대구에 대한 생각이 많이 바뀐 것이 가장 인상적인 일이라고 한다.

세월호 활동을 하면서 대구 시민들이 모두 보수적이지 않다는 걸 알게 되었어요

"인천에서 학교 다닐 때는 친구들과 정부에 대한 비판도 편하게 하고 지냈어요. 그런데 보수적인 도시에 있는 대학에 입학한다고 하니 친구들이 '너, 대구 가서 세뇌돼서 오는 거 아니냐?' 하고 많이 놀리기도 했고, 저도 좀 긴장했었어요. 또 대구 와서는 세월호 리본 공방 하는 사실을 아는 선배들이 걱정과 반대하는 마음으로 그만두라는 조언을 하기도 해서 정말 대구가 보수적인 도시라는 걸 실감하기도 했고요. 그런데 세월호 활동을 하면서 대구 시민들이 모두 그렇지 않다는 걸 알게 되었어요. 시내에 나가 보면 아직도 많은 사람들이 세월호 서명을 받고 있고, 역사교과서 국정화 문제에 대해서도 활발한 활동을 하고 있는 게 보여요. 세월호참사가 일 년 반을 지나고 600일이 되어가는데도 계속 활동하고 있는 분들, 여기 있는 소현 언니, 정혜 언니도 대단하다는 생각이 들구요."

조상준 학생은 관에서 의뢰했던 행사가 취소되고 지원금도 끊긴 것이 제일 기억에 남는 일이라고 한다.

"말 한마디 했다고 이렇게까지 하는구나. 사람으로서 잘 살고 싶은 바람이 있어서 하는 이야기인데 말조차 못하게 하는구나. 나도 사람인데, 내 머리가 있고 내 생각이 있는 사람인데, 말도 하면 안 되는 사회구나 하고 정말 실감했어요."

세월호참사를 자신의 일이라는 마음으로, 꼭 기억해 주세요

인터뷰를 마무리하며 세월호 유가족 분들이나 대구 시민, 또는 주변의 친구들에게 하고 싶은 이야기를 들려달라고 했다.

조상준 학생은 친구들에게 하고 싶은 말을 전했다.

"가족을 잃은 유가족 분들께는 무슨 위로를 드려도 소용이 없을 것 같아요. 우리 사회가 자신이나 자신이 사랑하는 사람들한테 언제라도 큰 사고가 일어날 수 있는 사회이니만큼 세월호참사를 자신의 일이라는 마음으로 생각하면 좋겠습니다. 고위직에 있는 사람들이 우리를 도와주지 않는 사회라면 우리끼리라도 돕고 살았으면 좋겠어요."

"사람들이 일반인 희생자들에게도 관심을 가져주었으면 좋겠습니다. 그리고 세월호참사를 정말 잊지 않았으면 좋겠어요. 앞으로 안전한 사회를 위해 한 개인이 아니라 사회적 차원의 시스템도 만들어지기를 바랍니다."

이수림 학생에 이어 정해인 학생도 안타까운 마음을 말했다.

"600일이 되어가는데도 똑같은 상황에 머물러 있는 것이 저도 정말 답답한데 유가족 분들은 오죽할까 하는 생각이 들어요. 그런 유가족 분들에게 이제는 그만두라고 하는 사람들에게 묻고 싶어요. 당신 아이들이 차가운 바닷속에 있어도 그렇게 말할 수 있겠느냐고."

세월호의 아픔을 잊지 않고
무엇이라도 할 수 있는 일을 찾아 하는
젊은 사람들의 모임이 많이 생기면 좋겠어요

세월호참사 600일 대구시민대회 준비에 참여하고 있는 길정혜 씨도 말을 이었다.

"주변에 세월호참사를 부정하고 싶어 하는 분들이 있습니다. 그렇지만 저는 그분들에게도 함께 아파하고 공감하는 마음이 있을 것이라고 믿어요. 그분들도 함께 마음을 열 수 있도록 600일 대구시민대회를 잘 준비하고 싶습니다. 그리고 우리 모임이 이렇게 시작을 했으니 동아리로 발전해서 세월호를 잊지 않는 대학생들이 더 많아지고 이어졌으면 좋겠어요. 광화문에 가서 집회를 하거나 시위를 하는 건 못 하더라도 세월호의 아픔을 잊지 않고 무엇이라도 할 수 있는 일을 찾는 젊은 사람들의 모임이 많이 생기는 건 우리 사회가 더 좋은 사회로 나아가는 데 큰 의미를 갖는다고 생각합니다."

민소현 씨는 포스터를 그릴 때 돌아보는 학생의 얼굴 표정을 어떻게 그릴까 한참 고민했다고 한다.

"어쩌면 정치적이라고 할 수도 없는 세월호 이야기조차 대학생들이 자기 의견을 말하는 것이 두려운 시대를 살고 있어요. 스펙을 쌓고 스터디를 해야 하는 대학생들의 현실은 말할 것도 없고요. 이런 때에 마음을 내서 일주일에 한 번씩 모임에 오는 일이 절대 쉬운 일이 아니라고 생각합니다. 그래서 여기 있는 후배들이 정말 고마워요. 우리 모임이 큰 힘은 못 되지만 그래도 세월호참사의 진상 규명을 원하는 사람들이 이렇게 곳곳에 있다는 것을 부모님들이 아시면 힘이 되지 않을까 싶어요."

세월호참사의 진상 규명을 원하는 사람들이
이렇게 곳곳에 있다는 것을 유가족 분들이 아시면
힘이 되지 않을까 싶어요

민소현 씨는 후배들에게 팽목항에 꼭 가보자는 권유도 잊지 않았다. 그날 인터뷰 이후 학생들은 정말 선배들과 함께 진도 팽목항을 다녀왔다. 미수습자 허다윤, 조은화 학생의 부모님과 권혁규 어린이의 큰아버님도 직접 만나서 말씀을 듣고 함께 울었다고 한다.

인터뷰를 마무리하려는데 이수림 학생이 사람들에게 우리 모임을 홍보하자고 제안했다. 모두 좋아서 박수를 치면서 제안한 사람이 먼저 해보라고 하니, 씩씩하고 야무지게 말한다.

"세월호 하면 무엇을 어떻게 해야 할지는 모르겠지만 얘기를 하고 싶은 대학생들, 부담 갖지 말고 오세요. 와서 얘기합시다!"

부담 갖지 말고 오세요
와서 얘기합시다!

"언제까지 할 거냐, 기한이 있는 일이냐?"라는 사람들의 질문에 연예인 김제동 씨는 "부모님들의 슬픔이 끝나는 때, 그때가 나의 기한"이라고 답했다고 한다. 김제동 씨와 같은 답을 자기 가슴에 간직한 사람들이 대구에도 있다. 그런 사람들 가운데 누군가는 매일 아침 피켓 시위를 하고, 매주 서명전에 참가한다. 어떤 사람들은 이 학생들처럼 모여서 노란 리본을 만들고, 어떤 사람은 돈을 내고, 꼬박꼬박 서명을 하고, 어떤 사람은 기도를 한다. 잊지 않기 위해 아픔과 직면하는 것을 마다하지 않고, 내 작은 일이 세월호참사 가족들에게 힘이 되기를 바라며, 함께 울고 웃으며 살아간다.

'416공방 더 리본'의 대학생과 선배들에게 진심으로 고마운 마음을 전하며, 우리 함께 잊지 말고 열심히 살아가자고 오늘도 따뜻한 손을 내민다.

세월호 피켓은 바닥에 내려놓고 싶지 않아요

평일 아침, 하루도 빠지지 않고
이어온 일인시위

이명희 · 박기일 씨 부부

9명 유실없이 인양하라.
304명 구조안하고
박근혜는 무엇했나?
진상규명 탄압하지마라.

평일 아침, 하루도 빠지지 않고 이어온 일인시위

이명희 · 박기일 씨 부부

대구 달서구 상인동 지하철 상인역, 아침 8시가 좀 넘으면 어김없이 노란색 피켓 두 장을 든 40대 부부가 나타난다. 세월호참사 1주기를 앞두었던 2015년 4월 13일부터 끊이지 않고 계속되는 발걸음이다. 달서구 월성동에 사는 박기일, 이명희 씨 부부다.

남편인 박기일 씨가 자리를 잡고 피켓을 들고 서면 아내인 이명희 씨는 사진을 꼭 찍어 둔다. 그렇게 날마다 찍은 사진을 이명희 씨는 함께 활동하고 있는 '세월호를 기억하는 달서구 사람들' 단체 카톡방에도 올리고, 페이스북 '세월호를 기억하는 대구시민모임' 그룹에도 올린다. 두 사람이 주말과 공휴일을 제외하고 하루도 빠지지 않고 일인시위를 해온 지 2015년 9월 3일로 100일을 넘겼고, 곧 150일이 된다. (이 책을 만들고 있는 2017년 3월 현재까지도 두 분의 일인시위는 계속되고 있다.)

부부는 두 사람 다 1987년 6월항쟁이 있었던 시절을 전후하여 대학교에서 공부를 했다. 시대적 상황의 영향으로 두 사람 모두 우리 사회가 사람이 사람답게 사는 세상이 되어야 한다는 마음으로 학교 생활을 했고, 사회적 문제를 해결하기 위한 여러 활동에 적극 참여했다. 이후 두 사람은 부부의 연을 맺고 생활을 꾸려 나가면서 직접 실천 활동의 앞에 나서지는 못했지만, 뜻있는 단체에 후원도 하고 진보정당과 시민단체의 회원이 되기도 했다.

빚 갚는 마음에서 시작했죠
나부터 뭐라도 해야겠다는 마음이었지요

남편과 함께 상인역 일인시위를 시작하기 전부터 이명희 씨는 세월호참사 이후 대구 시내와 달서구에서 벌어진 온갖 서명전과 실천 활동에 누구보다 열심히 참가해왔다. 수학여행을 떠난 아이들이 침몰된 배 안에 수장되는 장면을 온 국민이 생생히 지켜보아야 했던 그날을 함께한 사람. 함께 아이들을 기다리고 함께 울며, 무엇이든 아이들을 위해 할 수 있는 일이라면 해야겠다는 마음으로 거리에 나섰던 사람들 중 한 사람이었다.

그래도 좀 더 좋은 세상이 만들어져 가고 있다고 믿었고, 그것을 위해 내가 서 있는 곳에서 할 수 있는 일을 하면서 살아왔는데 아이들이 이렇게 죽어나가는 세상이 될지 몰랐다는 마음, 그 빚을 갚아야겠다는 마음으로 일 년이 지나도 노란 리본을 만들고 서명대를 지키는 사람들, 100일 넘게 피켓을 들고 서 있는 우리의 귀한 이웃들 중 한 사람이었다.

제 나름대로 피켓을 드는 원칙이 있어요
세월호 피켓은 절대로 바닥에 두지 않아요
항상 오른쪽 발등에 둡니다

박기일 씨는 늘 두 개의 피켓을 들고 서 있다. 하나는 세월호참사의 진상 규명과 인양을 촉구하는 피켓이고, 하나는 해당 시기 주요 사회 문제를 제기하는 피켓이다. 보통 사회적 문제를 담은 피켓은 정면에 들고, 세월호 피켓은 오른쪽에 두고 있다. 사진을 자세히 보면, 세월호 피켓은 바닥에 닿지 않도록 박기일 씨의 발 등에 놓여 있다.

"제 나름대로 피켓을 드는 원칙이 있어요. 세월호 피켓은 절대로 바닥에 두지 않고, 항상 오른쪽 발등에 둡니다."

사소한 것이라고 생각할 수도 있지만, 박기일 씨에게는 국가를 상대로 아이들이 숨져간 엄청난 비극인 세월호참사의 진실을 요구하는 피켓을 바닥에 두고 싶지 않다는 자신의 마음을 지키는 행동인 것이다. 그리고 피켓의 방향도 그냥 정하는 것이 아니라고 한다. 롯데백화점 쪽에서 내려오는 사람들이 비율로 보면 약 40퍼센트이고, 상인역에서 올라오는 사람들이 그보다 많은 50퍼센트이지만, 움직이는 속도를 볼 때 내용을 찬찬히 잘 볼 수 있는 곳이 롯데백화점 쪽이므로 세월호 피켓은 항상 롯데백화점 쪽인 본인의 오른편에 두는 것이다.

"세월호참사는 우리 사회 모순의 집약이고, 세월호 문제를 푸는 과정 자체가 사회적 모순을 해결하는 과정이라고 생각합니다."

시민들의 마음속에
세월호에 대한 아픔과 진상 규명을 바라는 마음이
깊이 자리잡고 있다는 것을 느낍니다

얼마 전에는 그런 일이 있었다고 한다. 상인역에서 올라오던 30대 중반의 한 아주머니가 왼쪽 피켓을 스쳐 보는 듯 지나가더니, 세월호 피켓을 보고는 갑자기 편의점에 들러 우유와 초코바를 사서 주고 갔다고 한다.

일인시위를 100일 넘게 진행하면서 상인역을 지나는 주민들 대부분이 박기일 씨와 이명희 씨를 알아보는 것은 물론, 수고한다고 음료수나 우유를 사다 주고 가는 일도 자주 있다고 한다. 박기일 씨는 그럴 때마다 시민들의 마음속에 우리 사회의 어떤 문제보다 세월호참사에 대한 아픔과 진상 규명을 바라는 마음이 깊이 자리잡고 있다는 것을 느낀다고 한다.

그런데 인터뷰를 시작하고 얼마 되지 않아 박기일 씨가 불쑥 "나부터도 잘 모르는 게 더 많아요" 하며 이야기를 꺼냈다. 누구보다 세월호 참사에 대해 아파하고 애쓰고 있는 분이 스스로 잘 모른다는 이야기를 먼저 꺼내니 인터뷰를 청한 나도 속으로는 다소 당황스러운 마음이 들었다.

"4·16연대 홈페이지를 책갈피 해서 휴대폰에서 읽어보고, 페이스북에서 4·16연대 소식도 받아보고 있지만, 시간을 따로 들여 몰두해서 보지는 못합니다. 처음 피켓은 '304명이나 죽었는데 박근혜 대통령은 7시간 동안 뭐 했나?' 이런 내용으로 시작했고요, 이제는 '세월호 속에 9명이 있다' 이런 내용입니다. 일인시위를 100일 넘게 했지만, 나도 현재 세월호에 대한 첨예한 문제는 잘 모르고 있어요. 사람들이 현재 세월호 상황과 쟁점에 대해 물으면 뭐든지 이야기해 줄 수 있어야 하는데, 모르면 연구하고 공부해서 알아야 하는데, 나도 사실 그렇게 하지 못하고 있는 거지요."

이렇게 이야기를 시작한 박기일 씨가 정작 하고 싶은 이야기는 다음에 이어져 나왔다.

"이 이야기를 왜 하냐 하면, 모르면서 공부도 안 해, 연구도 안 해,

시위하고 데모하는 것만 당연하게 여기고 있는 게 나만 그런 게 아닌 것 같아서입니다. 알아야 한다, 알고 해야 한다고 생각하는데 나부터도 생활에 찌들리고 이러다 보니 100일 동안 피켓을 들면서도 크게 고민을 안 하고 지낸 것 같아요. 얼마나 많은 운동권들이 나와 비슷할까 하는 생각에 요즘은 고민이 많아지는 겁니다."

세월호 싸움을 그냥 여러 가지 일들 중의 하나로,
수많은 싸움들 중의 하나로 받아들이는 건 아닌가…
그건 옳지 않다고 생각합니다

아내 이명희 씨도 말을 이었다.

"저는 '세월호 부모님들이 어떻게 싸울 것인가, 끝까지 하겠나?' 이런 의심 전혀 안 해요. 내일이라도 그만두시겠다고 하면 박수쳐드리고 싶어요. 진짜 고생하셨다고 마음으로 깊이 박수를 쳐드릴 거예요.

그렇지만 같이 열심히 하겠다, 끝까지 하겠다고 약속했던 활동가들이 시간이 지나면서 세월호 싸움을 그냥 여러 가지 일들 중의 하나로, 수많은 싸움들 중의 하나로, 다른 일이 생기면 묻혀버리는 그런 일로 받아들이고 있는 건 아닌가 하는 생각이 들어요. 하지만 그건 옳지 않다고 생각합니다."

1. 대구 시내 동성로에서 세월호 피켓을 들고 서 있는 박기일 씨.
2. 서울 광화문에서 세월호 유가족과 함께 피켓시위 중인 이명희 씨.
3. 대구지하철 상인역에서 일인시위 중인 박기일 씨의 모습.

인터뷰를 마무리하면서 나눈 이야기들을 옮겨본다.

"얼마 전에 돌고래호 사건이 났을 때 〈동네방네〉라는 라디오 프로그램에서 제주도 사람 다섯 명을 인터뷰했는데 하나같이 다 세월호를 연상하면서 이야기하는 걸 들었어요. 시체라도 빨리 찾았으면 좋겠다, 국가가 제대로 좀 했으면 좋겠다, 이런 이야기를 하는 거예요. 지금 우리나라 사람들한테 세월호는 모두가 가슴 아파하며 같이 겪는 하나의 트라우마잖아요. 사람마다 차이가 있겠지만 국민들 마음에 다 자리잡고 있거든요. 이런 국민의 마음을 잘 안아서 책임지는 단위에 있는 사람들이 중심을 잘 잡고 꾸준히 활동하면서, 사람들을 설득하는 일이 중요하다고 생각합니다."

자기가 행동할 수 없으면, 옆 사람이 열심히 할 때
격려하고 고생했다 말 한마디라도 하는 것이
우리를 살리는 길이라고 생각해요

박기일 씨의 이야기에 이어, 이명희 씨의 이야기다.

"4·16연대 가입원서를 들고 생협 회원들을 만나서 얘기해 보면 자세히는 몰라도 세월호에 대해 계속 관심이 많아요. 제가 동네에서 서명을 받고 있고, 남편이 상인역에서 일인시위 하는 것도 다 알아요. 그래서 볼 때마다 음료수 사다 주고 하는데, 말 한마디라도 고생하셨다고 얘기하는 게 나는 정말 큰 것이라고 생각해요. 자기가 행동할 수 없으면 옆 사람이 열심히 할 때 격려라도 하고, 고생했다 말 한마디라도 하는 것이 우리를 살리는 길이라고 생각해요. 생각해 보면 아직도 싸우고 있는 사람들 극소수잖아요. 정말 귀한 사람들이고요. 우리가 갉아먹지 않고 잘 지켜야죠.

그리고 무엇보다도 만나는 것이 중요하다고 생각해요. 얼굴 보고 이야기하고 호소하면 다 함께할 수 있는 분들이 얼마나 많은지. 그게 원래 우리가 하는 방식이잖아요. 생협 회원을 봐도, 지난번 생존학생 치유공간 마련 행사 때 오신 분들을 봐도 뭐라도 보탤 수 있는 분들이라는 걸 느꼈어요. 그동안 우리가 안 만나고, 얘기도 안 하고 그랬구나, 나도 그러지 않으려고 했는데 무심결에 속단을 했구나 하는 반성도 했구요."

박기일 씨는 일인시위를 하겠다고 결심하면서 언제까지 하겠다고 정해 놓지는 않았다고 한다. 세월호참사가 일어난 지 일 년이 되어가는데도 해결되지 않는 상황을 보며, 나라도 열심히 뭐라도 해야지 하는 마음이었을 뿐이다.

그런데 고등학생인 딸이 "아빠, 며칠 한다고 해서 효과 있겠어요?" 하고, 아내도 맞장구를 치며 며칠 하고 말 것 같으면 아예 하지 마라고 했다는 것. 생각해 보니 그 말이 맞기도 하고, 밤새 글씨 쓰고 풀칠 해서 피켓 만든 게 아까워서라도 며칠이 아니라 꾸준히 해야겠다고 결심했다는 것이다. 그리고 뒤를 이어 달서구 4·16약속지킴이들의 응원과 격려가 날마다 이어지다 보니 오늘까지도 신나게 하고 있다고. 그래서 지금은 일 년이라도 하는 건 아무 문제가 없지만, 일 년도 모자라지 않을까 걱정이 앞선다고 한다.

"제가 일인시위를 예순 살까지 하지는 말라고 했어요. 젊은 사람들이 너무 좌절할 것 같아서."

언제까지 일인시위를 계속할 거냐는 질문에 아내인 이명희 씨는 크게 웃으며 대답했다.

4시 16분에 멈춘 시계

우리는 세월호참사라는 비극을 겪으면서 어쩌면 인간이 이렇게까지 나쁠 수 있을까 순간순간 좌절했다. 나라니 대통령이니 하는 것들은 도대체 왜 존재하는지 의문이 들었다. 유가족들과 희생자에게 망발을 하고 정치적 압력을 저지르는 자들이 사람 같아 보이지 않았다.

그러나 한편으로는 내가 사람이라는 것이 다행이고 희망이라는 것 또한 깨달았다. 이를 알려준 이들은 가장 아픈 희생을 치렀으면서도 진상 규명과 새로운 사회를 만드는 데 앞장서고 있는 세월호 유가족들이고, 이들과 함께하고 있는 전국 곳곳의 세월호 이웃들이다.

인터뷰 장소였던 대구 약전골목 '한옥국시' 식당의 문간방 시계는 4시 16분에 멈춰 있다. 생업으로 활동에 직접 참가는 못 하고 있지만, 어쩌다 한 번씩 갈 때면 꼭 "수고가 많다", "애써 줘서 고맙다"는 인사를 빠뜨리지 않고 해주시는 주인장 부부가 운영하는 집이다.

우리는 4시 16분에 멈춘 시계 바늘에 노란 리본을 걸고, 그 앞에서 사진을 찍었다. 이렇게 곳곳에 세월호참사를 아파하며, 밤하늘에 별을 볼 때마다 아이들을 제일 먼저 떠올리는 사람들, 4월의 바람과 바다가 예전 같지 않은 사람들이 우리 곁에 있다.

정치가 바뀌어야
세월호 진실도
밝히죠

카페유유 **노란리본공방 회원들과**

'세월호 진상 규명 후보' **조석원 씨**

세월호진실규명

리본 만들기로, '세월호 진상 규명 후보'로 약속을 지키는

노란리본공방 회원들과
조석원 씨

2016년 20대 국회의원 선거와 4월 16일 세월호참사 2주기를 앞둔 세상은 바쁘게 돌아간다. 사람들이 있는 곳이면 있는 곳마다 자기와 자기 당을 찍어 달라는 후보들의 목소리와 구호가 높기만 하다.

이번 인터뷰에서는 새누리당 조원진 후보에 맞서 출마한 '세월호 진상 규명 후보' 조석원 씨를 만났다. 아울러 조석원 씨가 함께 활동하고 있는 '대구경북민주민생평화통일주권연대'(이하 민권연대) 회원들로 구성된 카페유유 '노란리본공방' 회원들을 같이 만났다.

카페유유는 방천시장 방향에서 수성교를 막 건너면 왼쪽편 동로 입구에 위치하고 있다. 커피와 함께 마약김밥과 마약옥수수를 자랑하는 입간판에는 한번 먹으면 꼭 다시 먹고 싶어진다며, 얼른 카페로 들

어오라는 재미있는 문구가 쓰여 있다. 유리문을 밀고 들어서면 마음씨 좋아 보이는 주인장 노연희 씨가 보이고, 입구에는 세월호를 기억하자는 노란 리본과 엽서가 곱게 놓여 있다. 손님들이 덜 찾는 자리 한 귀퉁이에 '노란리본공방'의 흔적이 엿보인다. '에바'라는 애칭으로 불리는 리본 재료인 EVA보드와 플라스틱 고리들이 보이고, 손님이 없는 틈틈이 주인장 연희 씨가 만들어 놓은 노란 리본들이 투명 비닐봉지에 가득 묶여 있다.

세월호참사가 일어나고 너무 마음이 아팠어요
뭐라도 보태야겠다고 생각하면서
늘 마음이 무거웠어요

카페유유 '노란리본공방'은 작년 가을에 시작해 지금까지 매주 수요일 점심 시간이면 어김없이 열리고 있다. 달서구, 수성구, 칠곡 등 사는 곳은 다양하지만 함께 활동하고 있는 민권연대 장년 모임 '새봄'의 회원들이 의기투합해서 시작했다.

카페유유의 주인인 노란리본 '공장주' 노연희 씨, 딱 '공장장'으로 보이는 장정수 씨, '숙련공'으로 보이는 천혜정 씨. 그 외 아이들 참관수업 등으로 오늘 참가하지 못한 회원이 두어 명 더 있다고 한다. 공방을 소개해 달라는 말에 장정수 씨가 이야기를 시작했다.

“세월호참사가 일어나고 너무 마음이 아팠어요. 뭐라도 보태야겠다고 생각하고 있으면서도, 달서구에서 저녁 시간에 진행하는 세월호 서명전에 참가를 잘 하지 못해서 늘 마음이 무거웠어요. 그러던 차에 연희 후배가 낮에 카페유유에서 리본을 만들어 보자고 제안을 했어요. 정말 고맙고 반가웠어요. 그래서 매주 수요일마다 모여서 리본도 만들고, 수다도 떨고, 세상 돌아가는 이야기도 나누고 있어요. 리본 만드는 게 대단한 일도 아니고 해서 인터뷰 요청이 들어왔을 때는 정말 부끄럽고 죄송해서 안 하고 싶었어요.”

장정수 씨 이야기에 이어 신매동에 사는 천혜정 씨가 이야기를 하며 밝게 웃는다.

“저는 아이가 셋인데, 세 살인 막내를 올해 어린이집에 보내기 시작했어요. 그러니까 작년 처음 공방을 시작할 때는 막내가 한참 뭐든 눈에 보이는 건 다 주워서 입에 넣을 때였죠. 여기 카페에 와서 흙도 많이 주워 먹고, 맛도 보고. 그때는 저도 크게 보탬이 되지 못했어요. 이제는 요령도 생기고, 속도도 늘고…… 아이를 신경 안 써도 되니 도움이 좀 더 되는 것 같아요.”

노란 리본 사이사이 색색깔의 빨래집게가 꽂혀 있는 게 보인다. 본드를 칠한 후 리본이 잘 붙으라고 집게를 꽂아 놓은 듯했다.

“처음 시작할 때는 빨래집게를 안 썼어요. 제가 애기 데리고 여기서 만드는 게 너무 속도가 안 나서 종종 집에 재료를 들고 갔었어요. 애들

셋이랑 리본 만드는 걸 본 남편이 우리가 느려 보여서 답답했던가 봐요. 어느 날 빨래집게를 가져와서 리본 고정할 때 써보라고 하더라구요. 빨래집게를 써보니 아이들도 쉽게 만들 수도 있고, 속도도 많이 빨라졌어요."

빨래집게 덕분에
리본을 아이들이랑 같이 만들 수 있고,
속도도 빨라졌어요

식구들이 둘러앉아서 노란 리본을 만드는 모습은 천혜정 씨 집에서는 흔한 모습이라고 한다. 둘째와 막내는 아직 어려서 노란 리본이 어떤 의미인지 얘기해주기 어렵지만, 리본을 만들 때 거들기도 하고 새것을 달아주면 무척 좋아한다고 한다.

세 아이의 엄마로서 더욱 세월호참사를 그냥 지나칠 수 없었다는 천혜정 씨는 아이들이 리본을 보면서 언니 오빠들이 바다에 빠져서 죽지 않았냐고 물을 때 너무 마음이 아프고 어떻게 설명해야 할지 고민도 되었는데, 이제는 "언니 오빠들을 잊으면 안 된다"고 이야기해준다고 한다. 아울러 서명전에 나가거나 주변 사람들한테 세월호참사를 설명하는 것은 잘 하지 못하지만, 서명을 받으면서 리본을 나눠 주는 일에 보탬이 되면 고맙겠다는 마음으로 노란리본공방에는 빠지지 않으려 애쓰고 있다는 마음을 전했다.

대구 달서구병 국회의원 후보로 출마한 조석원 씨는 세월호참사가 일어나자 대구에서 시민사회단체 70여 개가 모여 만든 세월호참사대구시민대책위원회에서 상황실 활동을 적극적으로 시작했다. 여러 달 서울 광화문 농성장을 지키기도 했고, 근래까지 대구 수성구·동구·경산 지역의 여성들이 모인 '세월호참사 진실규명 수요서명모임' 활동을 함께 했다. 이 수요서명모임에는, 세월호참사가 일어나고 단원고 희생학생들의 부모님들이 특별법제정 서명을 받으러 전국을 다니던 2014년 여름, 만 명의 서명을 받아 단원고 부모님들께 전달한 유모차 부대 엄마들이 함께하고 있다.

누가 시키지도 않았는데 자발적으로 나서서
꾸준히 세월호 활동을 하고 있는 분들에게
정말 많이 배웠습니다

"저는 수요서명모임 분들을 만나면서 세월호 활동을 더 열심히 하게 되었습니다. 만 명의 서명을 받아주었던 유모차 부대 아기들이 그새 자라서 두 명은 초등학생이 되었습니다. 누가 시키지도 않았는데 자발적으로 나서서 꾸준히 세월호 활동을 하고 있는 분들에게 정말 많이 배웠습니다."

이렇게 말문을 연 조석원 씨에게 출마를 결심하게 된 이유를 자세히 들었다.

정말 아주 조금이라도
유가족들에게 힘이 된다면 해야겠다는 마음으로
출마를 결심했습니다

"출마를 결심하게 된 데에는 앞에서 말씀드린 대로 수요서명모임 분들과의 인연도 큰 계기가 되었습니다. 그리고 서울 광화문 농성장에 있을 때부터 조원진 씨의 막말에 대해 단원고 유가족 부모님들께서 절대로 당선되지 않도록 해달라는 말씀을 많이 하셨습니다. 다 아시겠지만, 조원진 씨는 세월호참사를 조류독감에 비유했을 뿐 아니라, 국회에서 유가족들에게 '가만 있으라'는 막말을 한 대표적인 새누리당 인사입니다. 아직 자신의 잘못을 시인하지도 않고, 부모님들에게 사과도 하지 않고 있는 조원진 씨가 정말 자신이 무엇을 잘못했는지 알게 하고 싶습니다. 그리고 아주 조금, 정말 아주 조금이라도 가족들에게 힘이 된다면 해야겠다는 마음으로 출마를 결심했습니다."

지난 3월 18일 조석원 후보의 출마 기자회견 때 내려왔던 단원고 2학년 4반 김동혁 학생의 어머니 김성실 씨와 5반 이창현 학생의 아버

1. 카페유유에서 함께 인터뷰한 허성화, 장정수, 조석원, 천혜정, 노연희 씨.
2. '노란리본공방' 책상에 놓여 있는 세월호 리본 재료들.
3. '조원진 후보, 응답하십시오!'라고 쓴 피켓을 들고 선거운동을 하고 있는 모습.
4. 대구 달서구병 국회의원 후보로 출마한 조석원 씨가 기자회견을 하고 있다.

지 이남석 씨는 "대구에서 세월호 진상 규명을 공약으로 조석원 후보가 국회의원 출마한다는 소식을 듣고 한달음에 달려왔다"며 "조원진 의원에 맞선 조석원 후보에게 정말 고맙다. 국회에 들어가는 그날을 보고 싶다"는 심정을 밝히기도 했다.

세월호참사 진상 규명의
가장 큰 방해 세력이 대통령이라는 생각으로
대통령 탄핵을 공약으로 걸었습니다

"지금도 세월호참사의 진실 규명은 끊임없이 방해를 받고 있습니다. 여전히 많은 분들이 꾸준히 세월호 진상 규명 활동을 하고 있지만, 종편을 위시해 국민들에게 잘못된 정보를 믿게 하고, 국민들을 이간질하는 방해 세력이 있기 때문입니다. 가장 큰 방해 세력이 대통령이라는 생각으로 대통령 탄핵을 공약으로 걸기도 했습니다. 또 현재 상황이 변하지 않는다면 세월호 인양도 되기 전에 특별법 기간은 끝나버리게 됩니다. 세월호참사의 진실이 영원히 바다에 묻혀버리지 않도록 특검을 비롯한 제대로 된 법과 제도를 국회에서 만들어야 한다고 생각합니다. 정치가 바뀌어야 한다는 부모님들의 말씀을 늘 마음에 새기고 있습니다."

조석원 후보 선거캠프의 홍보를 맡고 있기도 한 카페유유의 노연희 씨에게는 카페에서 노란리본공방을 열기로 한 마음과 조석원 씨에 대한 이야기를 함께 들었다.

세월호는 우리가 평생 지고 가야 할 짐이기도 하고 반드시 해결해야 하는 일이라고 생각합니다

"늘 카페를 지키고 있다 보니 세월호참사를 위해 할 수 있는 게 없어서 답답하던 차에 언니들에게 리본공방을 제안하게 되었습니다. 소박한 마음으로 시작했는데 하다 보니까 참 좋았습니다. 매주 꼬박꼬박 보면서 수다도 떨고, 세월호 얘기를 하면서 같이 울기도 하고, 그러면서 서로 많이 친해졌습니다.

세월호 이야기는 해도 해도 끝이 없을 듯합니다. 어쨌든 우리가 평생 지고 가야 할 짐이기도 하고 반드시 해결해야 하는 일이라는 생각은 분명합니다. 생각해보면 민권연대에서 여러 어려움이 있었음에도 불구하고 후보를 내자고 결정할 수 있었던 것도 세월호 문제를 풀어야 한다는 데에 회원들의 마음이 하나로 모아졌기 때문에 가능한 일이었다고 생각합니다. 이런저런 어려움 가운데 출마를 결심하고 활동하고 있는 조석원 후보가 정말 고맙습니다."

연희 씨의 이야기에 이어 장정수 씨는 가게에서 노란리본공방을 열어보니, 디저트를 먹으러 오는 고등학생들 등 손님들이 관심도 갖고 리본도 달라고 하더라며 이렇게 시민들과 소통하니 참 좋다는 이야기를 한다. 천혜정 씨는 이런 장소를 내어 준 후배가 너무 고맙다는 칭찬을 아끼지 않았다.

까페에서 노란리본공방을 여니
학생들과 손님들이 관심도 갖고 리본도 달라고 해요
이렇게 시민들과 만나니 참 좋습니다

노연희 씨의 말에 따르면, 노란 리본이 뭐냐고, 왜 아직도 이렇게 하느냐고 묻는 손님들과 대화를 나눠보면 열 명 중 아홉 명은 소통이 된다고 한다. 그리고 수긍하지 않는 분들의 속내를 들어보면 한결같이 세월호 부모들도 빨갱이라는 말을 한다고 한다. 우리 사회 곳곳에 아직도 퍼져 있는 뿌리 깊은 반공컴플렉스를 세월호 진상 규명 활동에서도 만나는 것이다.

그래도 조석원 씨는 자신을 응원하는 시민들을 만날 때가 더 많다고 한다. 조원진 후보 선거사무소 앞에서 기자회견을 할 때면 젊은 청년들이 손으로 파이팅을 외치며 지지하는 눈빛을 보내오는 경우도 많았다. 한번은 나이 드신 분이 다가오는 모습에 지레짐작으로 또 화를 내시려나 했더니 대통령 탄핵 구호와 세월호 진상 규명 구호를 보고 "잘 한다"면서, "이렇게 해야 한다"고 응원을 해주고 가셔서 너무 감사하고 힘이 났다고 한다.

더 하고 싶은 이야기들이 많았지만, 한참 선거운동 기간이기도 하고 이런저런 행사가 많은 날이라 몇 가지 이야기를 주고받다가 마무리 이야기를 들었다.

어려움도 있지만 생각보다 많은 시민들이
응원해주시는 모습을 보면서,
좋은 세상을 만드는 데 더 열심히 노력하는 사람이
되어야겠다고 다짐합니다

"전국적으로 민권연대에서 서울, 부산, 익산 그리고 대구에서 청년후보를 냈습니다. 어려움도 있지만 생각보다 많은 시민들이 응원해주시는 모습을 보면서, 좋은 세상을 만드는 데 더 열심히 노력하고 애쓰는 사람이 되어야겠다는 생각을 했습니다."

노연희 씨에 이어 천혜정 씨의 이야기.

"피붙이를 잃은 희생자 가족들이 원하는 대로 일이 해결되기를 정말 바랍니다. 부모님들, 열심히 활동하시는 분들에게 우리 같은 사람들이 늘 지지하고 함께하고 있다는 걸 말씀드리고 싶어요. 힘내시면 좋겠습니다."

부모님들, 열심히 활동하시는 분들에게
우리 같은 사람들이 늘 지지하고
함께하고 있다는 걸 말씀드리고 싶어요

조석원 씨는 누구보다도 조원진 씨에게 꼭 할 말이 있다고, 두 가지를 꼭 묻고 싶다고 했다.

"조원진 후보 사무실 앞에서 제가 매일 11시에 기다리고 있으니 조원진 후보는 공인답게 답변을 하십시오. 딱 두 가지만 묻겠습니다. 첫째, 세월호참사 가족들에게 자신의 막말을 사과할 생각이 있습니까? 둘째, 아직도 헌법보다 대통령과의 인간관계가 더 중요하다고 생각합니까? 두 가지만 물을 테니 답을 하십시오."

조원진 씨가 온갖 막말을 하고, 민주주의와 헌법의 가치를 근본적으로 무시하고, 사람으로서의 도리인 인간에 대한 예의를 지키지 않은 데 대해 꼭 답을 듣고 싶다고 말했다.

조석원 후보 캠프에서 함께 활동하고 있으면서 오늘 인터뷰 자리에 동행한 허성화 씨도 이야기를 나누었다.

"조원진 후보 사무실 앞 행사 때 수요서명모임 어머님들이 오셔서 선전전도 해주고 응원도 하고 가셨습니다. 이를 본 지나가는 시민이 다른 사람들이 들을 수 있도록 큰 소리로 우리가 하고 싶은 이야기를 알려주시는 일도 있었고요. 이런 분들을 보면서 일반 시민들도 이렇게 세월호참사에 대해 관심을 가지고 함께 움직이고 있는데, 그동안 스스로 소극적이었다는 반성을 했습니다. 또 오늘 여기 계신 분들의 이야기 들으면서는 20년, 30년이 걸리면서 진실이 서서히 밝혀져 온 5·18 광주민주화운동 생각이 났습니다. 이처럼 세월호참사도 언젠가는 꼭 진실이 밝혀지리라는 생각이 듭니다. '아직도'가 아니라 '될 때까지'라는 마음으로 저도 더 열심히 보태야겠습니다."

'아직도'가 아니라
'될 때까지'라는 마음으로
저도 더 열심히 보태야겠습니다

조석원 후보가 당선되면 서울로 가겠지만, 아니면 리본 공장에 취직해야겠다는 허성화 씨의 농담에 모두 함께 웃기도 했다.

이야기를 찬찬히 듣고 있던 장정수 씨가 소감을 밝혔다.

"언젠가는 진상이 규명되고 진실이 밝혀질 것이라고 믿습니다. 그때까지 우리가 지치지 않아야 한다는 생각이 듭니다. 조석원 후보가 출마하고 선거운동을 하면서 많은 시민들을 만나는 과정에서 우리가 생각했던 것보다 훨씬 더 많은 시민들이 기억하고 지지하고 있다는 것을 알게 되었습니다. 이 과정에서 많이 배우고 힘과 기운을 얻는 경험을 했습니다. 지치지 않으려면 시민들을 두려워하지 말고 만나고 소통하고 함께 힘을 내야겠다는 생각, 국민을 믿고, 될 때까지 기운을 내면서 끝까지 행동해야겠다고 생각이 많이 듭니다."

언젠가는 진실이 밝혀질 것이라고 믿습니다
그때까지 우리가 지치지 않아야 한다고 생각합니다

우리는 세월호참사를 겪으며 4·16 이전과 이후, 우리 사회가 정말 달라져야 한다는 이야기를 많이 했다. 그러기 위해서는 한 사람 한 사람의 삶도 조금씩 달라져야 하고, 누구나 자신이 서 있는 곳에서 각자가 할 수 있는 것을 해야 한다는 것도 알게 되었다. 그리고 무엇보다도 서로를 믿고 존중하고 소통하는 것을 통해 서로를 격려하며 힘을 내야 한다는 것도.

내일 모레면 조석원 후보의 활동도 마무리가 되고, 국민들은 이후 자신들의 삶의 상당 부분을 결정하게 되는 투표를 할 것이다. 수학여행을 떠난 학생들이 2014년 4월 그 금요일에 돌아왔다면, 투표를 했을 것이다.

홀로 애지중지 키운 딸을 세월호참사로 잃은 단원고 2학년 3반 김소연 학생의 아버지 김진철 씨의 모습이 떠오른다. 아무 말 없이 딸의 사진을 보여주며 눈물을 흘리던 분, "이제 나는 어떻게 살아요? 나라가 너무 나빠요"라고 하시던 음성을 잊을 수가 없다. 그분께서 지난

2015년 12월 동거차도를 다녀오고 대구에서 열린 세월호참사 가족들과 함께하는 송년 행사에 오셔서 하셨던 말씀, "우리 아이들을 닭에 비유한 조원진을 대구 사람들이 어떻게든 꼭 좀 떨어뜨려 달라"던 말씀을 다시 떠올리며, 글을 마무리한다.

닫는 글

한유미
세월호참사대구시민대책위

아픔과 절망에서 건져낸 희망

'2014년 4월 16일', 그날의 약속

Ⅰ.

박종철이라는 이름의 대학생이 물고문을 당해 목숨을 잃었다는 소식을 들었던 1987년 나는 고등학교 3학년이었다. 2학년 때 한 반이었던 친구 명진이가 교실에 찾아왔던 날을 기억한다. 명진이는 나를 붙들고 어떻게 사람이 사람을 그렇게 죽일 수 있냐며, 도대체 믿을 수 없는 일이라고 말했다. 평소 명진이의 눈은 늘 웃는 눈이었다. 그랬던 명진이의 눈이 그날은 울고 있었다. 그 눈을, 눈물이 묻어 있던 어린 명진이의 얼굴을 나는 아직도 기억하고 있다.

무엇이라도 하지 않으면 살 수 없을 것 같았던 나는 야간자율학습

대신 시위대와 함께 대구시내 동성로 거리를 쫓아다녔다. YMCA와 만촌성당에서 본, 80년 광주항쟁 사진과 영상은 나를 충격과 고통에 빠뜨렸다. '전두환을 찢어 죽이자'는 문구를 든 광주 시민들의 모습이 몸과 마음에서 떠나지 않았다.

나는 자연스럽게 운동권 대학생이 되었고, 이후 청소년단체와 노동조합, 진보정당 등에서 좋은 세상을 만들기 위한 활동과 싸움을 하며 살아왔다. 짧지 않은 시간 동안 굴곡도 있었다. 하지만 분명 우리 사회가 그래도 나아지고 있으며, 나의 삶이 거기에 기여한다는 자부심을 갖고 살아왔다.

Ⅱ.

그러나, 그리고. 2016년 4월 16일 세월호참사가 일어났다.

수학여행 길에 나선 단원고 고등학교 학생 250명을 포함한 304명의 국민이 세월호와 함께 바다에 잠겨 목숨을 잃었다. 많은 국민들이 이 비극을 고스란히 지켜보았다. 지켜보는 것 말고, 기다리는 것 말고 할 수 있는 것이 하나도 없는 상태로. 그리고 그날 이후 나는 스스로를 용서할 수 없는 사람이 되었다.

나는 일찍이 우리나라가 나쁜 나라라는 것을 알고 있었다. 좋은 나라를 만들기 위한 우리의 진심과 활동은 귀하지만, 우리의 실력과 정성이 그에 미치지 못하는 현실도 알고 있었다. 우리는 열심히 살았지만 김대중, 노무현 정권을 거쳐 이명박과 박근혜가 대통령이 되는 현실을 막지 못했다. 진보정당의 성과를 고스란히 깨먹었고, 심화되는 신자유주의의 횡포에 우리들의 삶이 고통에 내몰리는 것을 국민들과 함께 겪어야만 했다.

그러나 그 끝이 세월호참사일 줄은 몰랐다. 아무리 나쁜 나라라고 해도, 우리가 아무리 부족하다고 해도 아이들을, 사회적 약자의 죽음을 그렇게 속수무책으로 지켜봐야 할 줄 몰랐다. 교복을 입은 250명 어린 영정 앞에 국화를 바치게 될 줄은 몰랐다. 아이를 잃은 부모가 진실을 밝혀 달라며 삭발을 하고 단식을 하고, 최루액을 맞으며 상복을 입은 채 거리를 쫓아다니는 모습을 봐야 할 줄 몰랐다. 3년이 지나도록 세월호와 함께 아홉 명의 국민이 바다에 잠겨 있을 줄 몰랐다. 뼈 한 조각이라도 좋다고, 아이를 안아보고 싶다는 부모와 함께 팽목항에 서 있을 줄 몰랐다.

1980년 광주 시민들, 1987년 박종철 열사의 죽음과 고통이 세월호참사와 함께 선연히 내 안으로 들어왔다.

Ⅲ.

2014년 4월 17일 저녁, 나는 아이들을 빨리 구해달라는 시민들과 함께 손피켓과 초를 들고 대구백화점 앞에 있었다. 내 옆에 앉은 후배는 말 한마디 없이 울기만 했다. 그날 이후 우리는 안산 합동분향소와 광화문 세월호 광장과 팽목을 무수히 다녀왔다. 대구에서 활동하는 시민사회단체들이 모여 세월호참사대구시민대책위원회를 만들었다. 단원고 희생 학생들의 부모님들과 함께 세월호 특별법 서명을 받고, 진상 규명을 요구하는 단식을 했다. 동네 곳곳에서 서명을 받고 일인 시위를 하고, 노란 리본을 만드는 많은 분들을 만났다.

세월호참사의 진상 규명과 나아가 안전하고 정의로운 나라를 만들자는 활동과 싸움의 맨 앞에는 언제나 부모님들이 계셨다. 사랑하는 가족을 잃고 누구보다 고통스러웠을 분들이. 아직도 2014년 4월 16일을 살고 있는 분들이.

돌아보면 천 일이 넘는 동안 이어진 활동은 어느 누구도 아닌 나 자신을 절망에서 구원하는 과정이었다. 단원고 부모님들, 동네 4·16약속지킴이들, 전교조 선생님들, 세월호참사대구시민대책위원회의 활동가들, 많은 대구 시민들이 이 과정을 함께해 주었다. 우리는 세월호참사로 별이 된 사람들을 잊지 않겠다고, 진실을 밝혀 새로운 나라를 만들 때까지 행동하겠다고 약속했다. 그리고 지금까지 함께하고 있다.

이 귀한 사람들의 진심과 걸음을 잘 남기고 싶다는 생각이 불쑥불쑥 들었다. 무엇보다도 세월호를 기억하는 대구 시민들의 이야기가 세월호참사 희생자 가족들에게 작은 힘이라도 되지 않을까, 그렇다면 꼭 해야겠다는 마음이 들었다. 인터뷰를 진행하면서는 오히려 내가 더 위로와 힘을 받았다. 시작하기를 정말 잘했다는 생각이 들었다. 한편으로는 쉬운 일이 아니라는 것도 알게 되었다. 생각보다 많은 시간과 힘이 들었고, 무엇보다 인터뷰에 응해주신 분들의 마음과 이야기를 잘 옮기는 것의 무게가 만만치 않았다. 그렇게 일 년 넘는 시간 동안 부족하지만 열 번의 인터뷰를 진행했다. 인터뷰에 응해주신 분들, 함께 활동해온 세월호참사대구시민대책위원회 김선우 상황실장과 활동가들이 없었다면 할 수 없는 일이었다.

세월호참사에 대해 책임져야 할 사람들이 책임을 지고, 진실이 분명하게 밝혀질 때 비로소 진정한 치유는 시작될 것이다. 아울러 우리가 바라는 좋은 나라, 안전하고 정의로운 새로운 나라를 이루는 것도 가능해질 것이다.

2017년에도 우리들은 잊지 않고 있다.

2014년 4월 16일, 그날의 약속을.

세월호
세월호참사
304
세월호참사
진짜 주범
박근혜
세월호를
인양하라
진실을
밝혀라
경찰
POLICE
세월호에
사람이

타임라인 — 참사부터 현재까지

I 참사 이후 특별법 제정까지

— 2014년 4월 16일 ~ 2014년 11월 11일

- 2014. 4. 16
  오전 11시 18분 세월호 침몰
  오전 11시 01분 전원구조 오보, MBC 이브닝뉴스 보험금 내용 보도

- 2014. 4. 17
  노컷뉴스 보험금 관련 기사
  해경, 언딘 인양 준비 사무실 개소
  전남 도청 앞 인양 사무실 꾸려짐

- 2014. 4. 18
  세월호 실종자 학부모 대책본부,
  정부 구조인력 과장 중단 및 책임성 있는 구조활동 촉구

- 2014. 4. 19-20
  실종자 가족들 진도대교까지 행진
  에어포켓 논의 후 에어주입 실패

- 2014. 4. 23
  범대본 '끝까지 구조한 뒤 선박 인양할 것' 대국민 발표
  해수부장관, 해경본청장 실종자 가족들에게 수색 실제 상황 공개 약속
  유병언 회장 일가 자택 등 압수수색
  언딘과 해경이 인양 계획 수립, 상하이 샐비지 접촉 실무진 파견

- 2014. 4. 25
  단원고유가족대책위 발족

- 2014. 5. 5
  언딘 인양 포기
  TMC 인양 컨설팅 업체 선정 후 세월호 인양 입찰 공고

- 2014. 5. 6
  '단원고유가족대책위'에서 '가족대책위'로 명칭 변경
  연합뉴스 생존학생 대입특례 요청 기사(악의적인 오보)

- 2014. 5. 8
  박영선 원내대표(더불어민주당)
  '5월 국회에서 세월호 특별법 제정하자' 대여 협상 제의

- 2014. 5. 13
  세월호 소나 데이터 완성

- 2014. 5. 17
  8개 업체 세월호 인양 입찰 참여
  세월호 인양 1차 사전조사 완료

- 2014. 5. 19
  박근혜 대통령, 세월호참사 관련 대국민 담화 발표
  가족대책위, 여야 민간인 참여하는 진상특조위 구성을 핵심으로 하는 특별법 제정 제안

- 2014. 5. 22
  시민사회, 세월호참사 대응 범시민연대기구 세월호참사국민대책회의(이하 국민대책회의) 발족

- 2014. 5. 27
  4·16가족대책위 130여 명,
  '성역없는 조사' 포함한 국정조사 계획서 통과 요구,
  56시간 국회 방청석 대기

- 2014. 5. 29
  국회, 세월호 침몰사고 진상 규명을 위한 국정조사계획서 승인

- 2014. 6. 7
  가족대책위, 국민대책회의 특별법 제정 범국민 서명운동 발대식(BUS TOUR)

- 2014. 6. 12
  유병언 변사체 발견

- 2014. 6. 23
  세월호 선내에서 노트북, 디지털영상저장장치 발견

- 2014. 6. 30
  세월호 국정조사 특위 기관보고 시작(6.30~7.11)

- 2014. 7. 2
  가족대책위, 특별법 제정 촉구 11일간의 가족버스 전국 순회 시작

- 2014. 7. 3
  새누리당 조원진 의원, 국정조사 특위에서 '유가족이면 좀 가만히 있으라' 발언

- 2014. 7. 7
  국정조사 특위에 대한 유가족 입장 발표. 김기춘 비서실장 증인 출석

- 2014. 7. 10
  박 대통령 여야 원내대표 회동
  특별법 7월 16일 본회의에서 통과시키기로 합의

- 2014. 7. 12
  가족대책위, 특별법 제정 촉구를 위해 밤샘 국회 농성 시작
- 2014. 7. 13
  가족대책위, 특별법 제정 촉구 기자회견
- 2014. 7. 14
  가족대책위, 세월호 특별법 제정을 촉구하며 단식농성 시작
- 2014. 7. 15
  가족대책위, 특별법 제정 관련 350만 명 서명부 국회 전달
  단원고 생존학생 도보행진
- 2014. 7. 18
  『조선일보』 칼럼에서 세월호참사 당일 대통령의 7시간 행적 언급
- 2014. 7. 24
  세월호가족대책위, 서울시청-광화문농성장 행진 중
  경찰 저지에 저항하며 청와대 행진 시도
- 2014. 7. 25
  가족대책위, 세월호 노트북에서 발견된 국정원 지적사항 문건 공개 기자회견
  유병언 장남 유대균 체포
- 2014. 8. 1
  세월호 청문회 일정 합의 무산
  증인 출석 여부에 대한 여야 의견 차이
- 2014. 8. 3
  일본 『산케이신문』 박근혜 대통령 세월호참사 당일 행적 언급 기사화
- 2014. 8. 7
  여야 원내대표 수사권, 기소권 빠진 특별법 1차 합의안 도출

- 2014. 8. 10
  가족대책위, 세월호 특별법 재협상 의결 촉구 기자회견

- 2014.8. 15
  '수사권 · 기소권 포함한 4·16특별법' 제정 촉구 범국민대회 개최(5만 명 참석)

- 2014. 8. 16
  프란치스코 교황, 광화문 광장의 시복식에서 유가족 만나 위로

- 2014. 8. 19
  여야 원내대표, 세월호 특별법 2차 합의안 도출
  가족대책위 여야협의안 거부 및 재협상 요청
  문재인 의원 단식 시작

- 2014. 8. 22
  김영오 씨 단식 40일차 병원 긴급 후송
  가족대책위 대통령 면담 촉구하며 청운동 농성 돌입
  청와대 세월호 유가족 면담 불가 입장 고수

- 2014. 8. 28
  김영오 씨 46일차 단식 중단

- 2014. 8. 30
  국회 세월호 국조특위, 청문회 열지 못하고 종료

- 2014. 9. 1
  가족대책위 국회농성 52일
  광화문 농성 50일 청운동 농성 11일

- 2014. 9. 2
  가족대책위 삼보일배 진행

- 2014. 9. 4
  김영석 해수부 차관 발표, "세월호 인양 관련 기술적 검토를 하고 있다"
  세월호 인양비용 1,000억 원 경비 소요될 것으로 추정된다고 언급

- 2014. 9. 16
  박근혜 대통령 "수사권, 기소권 포함은 사법체계 근간 흔드는 일" 발언
  정의화 국회의장 정기 국회 일정 직권 결정
  가족대책위 대통령 발언에 대한 입장 발표 기자회견

- 2014. 9. 17
  가족대책위 임원진 대리기사 폭행 시비 관련 기자회견, 임원진 전원사퇴

- 2014. 9. 21
  세월호가족대책위, 조직 정비 후 4·16가족대책위 출범

- 2014. 9. 30
  여야, 세월호 특별법 협상 타결
  가족대책위 여야 최종 타결안 거부

- 2014. 10. 1
  가족대책위 국회 농성 82일, 광화문 농성 80일, 청운동 농성 41일

- 2014. 10. 2
  송강호, 김혜수 등 영화인 1,123명 세월호 합의안 비판 성명 발표
  국민대책위 세월호 합의안 비판 성명 발표

- 2014. 10. 6
  검찰 세월호참사 최종 수사결과 발표
  (침몰 원인은 조타 미숙, 그 외 의혹은 모두 사실과 다르다고 발표)

- 2014. 10. 10
  감사원, 세월호 최종 감사결과 발표

2014. 10. 17
여야, 세월호 특별법 TF 구성 완료

2014. 10. 28
102일 만에 희생자 1구 추가 수습. 미수습자 9명

2014. 10. 29
박 대통령과 여야 지도부 국회 회동
세월호 특별법 10월 31일 처리하기로 합의

2014. 10. 31
여야 세월호 특별법 합의사항 발표, 해경 해체
국민안전처에 해양경비본부 신설

2014. 11. 1
가족대책위 국회농성 113일
광화문 농성111일
청운동 농성 72일

2014. 11. 2
가족대책위, 특별법 여야합의안 수용(상시특검 조건으로 수용)

2014. 11. 3
여당과 가족대책위, 특검 후보자 선정시 유가족 반대 후보자 배제를 골자로 하는
협약서 체결(참조)

2014. 11. 4
가족대책위, 청운동 농성 철수 기자회견

2014. 11. 7
세월호 특별법 국회통과(참사 206일째)

2014. 11. 8
세월호 수색 잠수사들 현장 철수 선언

2014. 11. 10
4·16가족대책위 국회 농성장 철수

2014. 11. 11
4·16가족대책위 세월호 수색 중단 요청 기자회견
세월호 선원 1심 재판 선고 불복 기자회견
범대본 세월호 수중 수색작업 종료 선언 발표

II 특별법 제정 이후 ~ 2016년까지

— 2014년 11월 18일 ~ 2016년 12월 31일

특조위 출범 촉구기

2014. 11. 18
정부, 범정부사고대책본부(이하 범대본) 해체

2014. 11. 20
미수습자 가족, 진도체육관 철수 및 팽목항 이동

2014. 11. 27
세월호 선체 처리 기술 검토 TF 가동(인양 2차 조사)

- 2014. 12. 6
  4·16가족대책위,
  4·16세월호참사 특별조사위원회(이하 4·16특조위) 위원 3인 선출

- 2014. 12. 9
  4·16가족협의회와 국민대책회의,
  416참사 진상 규명 방안논의 국제워크숍 개최

- 2014. 12. 10
  국민대책회의, 4·16 존엄과 안전에 관한 인권선언 추진대회 개최

- 2014. 12. 11
  4·16가족대책위, 조속한 4·16특조위 구성 촉구 기자간담회 개최

- 2014. 12. 7
  4·16특조위 설립준비단 설치

- 2015. 1. 5
  4·16가족대책위 73명,
  국민의 생명을 지키지 못한 국가를 상대로 헌법소원 제기

- 2015. 1. 8
  가족대책위, 국민대책회의 MBC보도행태 규탄 및 선체인양 촉구 기자회견

- 2015. 1. 12
  4·16세월호참사 피해구제 및 지원 등을 위한 특별법(세월호 배보상 특별법)
  국회 본회의 통과

- 2015. 1. 16
  새누리당 김재원 의원, "세월호 특조위는 세금도둑" 발언

2015. 1. 18
이주영 해수부장관 기자회견
"세월호 인양은 비용이 많이 소요되므로 국민공론화를 거쳐
결정할 필요가 있다"고 발언

2015. 1. 23
정부, 4·16 설립준비단 파견 공무원 일방적 철수 지시
(예산안 편성한 공무원)

2015. 1. 25
4·16가족대책위, 조직정비 후 '4·16가족협의회' 창립총회 개최

2015. 1. 26
4·16가족협의회와 국민대책회의,
온전한 세월호 인양과 실종자 수습 및 진상 규명 촉구를 위한 도보행진 시작
(안산 정부합동분향소에서 출발하여 2월 14일까지 20일간 걸어서
팽목항에 도착하는 일정)

2015. 1. 29
정부, 대통령 임명 특조위원 임명 절차 늦장대응 및 공무원 재파견 요구 묵살 등
특조위 무력화 의혹

2015. 2. 4
4·16가족협의회, 정부와 새누리당의 특조위 무력화 시도 규탄 기자회견
국회 앞에서 진행하고 새누리당 당사를 항의 방문.

2015. 2. 9
4·16가족협의회와 연대 시민단체,
세월호 인양과 실종자 수습 및 진상 규명 촉구 기자회견 개최

2015. 2. 14
20일 도보행진 마치며 팽목항 범국민대회 개최 (온전한 선체인양과 실종자 완전
수습, 철저한 진상 규명 및 안전 사회건설을 위한 팽목항 문화제)

2015. 2. 16
4·16가족협의회, 세월호 인양 촉구 범국민서명지(76,369명) 국무총리실에 전달

정부시행령 반대 활동기

2015. 2. 17
특조위 설립준비단 특별법 시행령안 정부에 송부(특조위의 시행령안)
4·16가족협의회 새누리당 원내대표 유승민 면담

2015. 3. 6
4·16특조위 상임위원 5명 임명장 수여(대통령 임명장)

2015. 3. 16
4·16특조위 이석태 위원장, 2월 17일 제출한 직제 예산안 확정 촉구 기자회견

2015. 3. 17
4·16가족협의회 세월호 인양 촉구 범국민 호소 기자회견

2015. 3. 19
4·16가족협의회. 안산시 공동체 회복을 위한 정책간담회 개최

2015. 3. 24
4·16가족협의회, 참사 1주기 계획 및 선체인양과 4·16특조위에 대한 입장 발표

2015. 3. 27
해양수산부, 4·16세월호참사 진상 규명 및 안전사회 건설 등을 위한 특별법시행령 제정(안) 입법예고
정부는 2월 17일 특조위가 제출한 시행령(안)을 무시하고 특조위 독립성을 훼손하는 내용을 골자로 한 해양수산부 시행령(안)을 입법예고 하였다.

2015. 3. 30
4·16가족협의회, 국민대책회의, 정부 시행령(안) 폐기촉구 416시간 농성 선포
청와대 방문을 위한 행진 과정에서 유가족 2명 연행

2015. 4. 1
해수부, 배보상 지급안내 피해자 가족들에게 문자발송. 배보상 금액 언론보도
4·16가족의 시행령 폐기 촉구 활동 은폐, 왜곡, 방해 활동 개시

2015. 4. 2
4·16가족협의회, 정부 시행령(안) 폐기 촉구 삭발식 및 영정도보행진 진행
정부는 시행령(안)을 입법예고한 후 동시에 배보상 절차를 진행하여, 언론을 통해 4·16가족을 참사를 통해 이득을 꾀하는 사람들로 비춰지게 했다. 이에 4·16가족들은 광화문 광장과 안산분향소 앞에서 2차에 걸친 대규모 삭발식을 거행한 후, 정부 시행령(안) 폐기, 온전한 선체인양, 배·보상 절차 전면중단을 요구하며 희생자 영정을 들고 시민들과 함께 안산 합동분향소에서 광화문 광장까지 도보행진하였다.

2015. 4. 5
새누리당 김진태 의원, "1,000억 원 비용 드는 세월호 선체인양 포기하라" 발언

2015. 4. 6
4·16가족협의회, 해수부 본부에서 시행령폐기 촉구 항의면담 요청에 경찰 과잉진압으로 대응
『한국일보』 여론조사 발표. 세월호 선체 인양 찬성 77.2% 특별법 정부시행령안 폐기 찬성 50%
박근혜대통령 수석비서관회의에서 적극적인 인양 검토 시사

2015. 4. 11
정부시행령 폐기촉구 범국민 촛불문화제 개최, 4·16가족, 시민 20여 명 연행됨

2015. 4. 16
4·16가족협의회, 정부 시행령(안) 거부의사 표명 참사 1주기 공식 추모행사 취소
박근혜 대통령, 4·16가족의 초청 거부하고 팽목항 방문

가족들과 대화 없이 단독으로 참사 1주기 인터뷰 강행
국민추모문화제 '416약속의 밤' 진행, 5만 명 운집에 경찰 캡사이신 살포

2015. 4. 18
참사 1주기 범국민대회 개최, 경찰과 대규모 충돌, 경찰 물대포 · 최루액 살포, 4·16가족 등 100여 명 연행
4·16가족협의회와 4·16연대는 '세월호참사1년 전국 집중 범국민대회 및 청와대 인간띠잇기' 행사를 통해 시행령(안) 즉각 폐기와 조속한 선체인양을 촉구했다. 이때 경찰은 행사에 참여한 시민, 가족에게 물대포, 최루액을 쏘며 강제해산을 시도하고, 4·16가족 등 100여 명을 연행했다.

2015. 4. 22
해수부, 선체인양 결정 발표

2015. 4. 27
이석태 특조위원장과 특조위원 3인, 시행령(안) 폐기 촉구 광화문 광장에서 농성 시작

2015. 4. 30
정부 차관회의, 가족의견 무시하고 시행령 수정안 통과 강행

2015. 5. 1
세월호 범국민 철야 행동, 안국동 사거리에서 밤샘 농성
경찰은 캡사이신과 물대포 무차별 난사로 유가족들과 시민들의 행진을 막고 차벽과 바리케이트로 고립시켰다.
2일 아침 밤새 거리에서 농성을 이어가던 세월호 유가족들이 목줄을 걸고 청와대를 향해 행진을 시도했으나 경찰의 방패에 막혔다.

2015. 5. 6
정부 시행령(안) 처리 강행 규탄 및 시위 과잉진압 관련 헌법소원청구서 제출
5월 6일 국무회의에서 정부 시행령(안)이 강행 의결되었다. 4·16가족과 시민들은 당일 광화문에서 시행령(안) 강행처리 규탄 기자회견을 진행하였다. 경찰의

최루액, 물대포 사용 등 과잉진압의 부당함을 주장하며 헌법소원을 청구하고, 세월호 집회를 감시하는 목적으로 CCTV를 불법적으로 사용한 서울경찰청장을 서울중앙지검에 고소하였다.

- 2015. 5. 19
경찰, 4·16연대를 참사 1주기 범국민대회 배후세력으로 지목, 사무실 압수수색

- 2015. 5. 22
해수부 세월호 선체 인양 업체 선정 입찰 공고

- 2015. 6. 28
'4월 16일의 약속 국민연대'(4·16연대) 창립총회 및 발족식 진행
4·16가족들은 416참사의 모든 문제를 해결하기 위해서는 시민과 연대해야 한다고 판단했다. 또한 국민대책위를 포함한 각종 풀뿌리 단체들 또한 416참사에 대응하려면 통합적 상설기구로 결집해야 한다는 점을 절실히 느꼈다. 이에 대한 논의 결과로 4·16가족과 시민들이 힘을 모아 4·16연대를 발족하였다.

- 2015. 6. 30
4·16가족협의회, 정부 시행령 폐기 개정안 수용 10만 서명지 청와대 전달 기자회견

- 2015. 7. 7
가족협의회가 유실방지망 상태를 확인하기 위해 요청한 세월호 수중촬영 해수부가 전면 거부

- 2015. 7. 14
경찰, 참사 1주기 범국민대회 주도혐의 4·16연대 박래군, 김혜진 위원 사전 구속영장 신청

진상 규명 지원기

- 2015. 7. 29
4·16가족협의회와 4·16연대, 진상 규명, 안전, 추모지원 100대 과제 발표 기자회견
4·16가족협의회와 4·16연대는 서울 명동가톨릭회관에서 '세월호 인양에 관한 특별과제와 진상 규명, 안전사회, 추모지원에 관한 100대 과제'를 발표하였다.
4·16가족들은 과제 제시를 통해 진상 규명과 안전사회 대안을 구체화하고, 과제가 완수될 때까지 끝까지 싸우겠다는 의지를 다졌다.
세월호 유실방지망 설치가 제대로 되지 않은 것에 이의를 제기하고 미수습자의 완전 수습을 위해 선체를 봉인할 수 있는 유실방지망 설치를 요구했다.

- 2015. 8. 4
해수부, 세월호 인양업체로 중국 상하이 샐비지 컨소시엄 최종 선정
정부 특조위에 예산안 배정 = 특조위 조사 활동 개시 시점
인양 업체 선정을 완료한 정부는 그제서야 특조위에 예산을 배정함

- 2015. 8. 16
세월호 선체 인양을 위한 3차 수중 조사 착수

- 2015. 8. 19
침몰 490일 만에 세월호 인양 작업 시작

- 2015. 8. 29
4·16가족협의회 동거차도 감시초소 설치

- 2015. 9~
4·16가족협의회, 가족중심의 동거차도 주재 인양작업 감시단 발족

- 2015. 9. 14
특조위, 조사신청 개시. 4·16가족, 21건의 조사신청서 첫 제출
특조위 진상 규명조사 신청접수 첫날 4·16가족협의회가 21건, 개인이 5건의 진상조사신청서를 제출 · 신청했다.

이와 함께 4·16가족협의회는 조사와 관련된 3TB에 달하는 전자자료와 6상자 분량의 416진상조사 기초자료를 정리하여 특조위에 제공하였다.

- 2015. 9. 15
세월호 인양 업체 사전조사 종료

- 2015. 9. 22
4·16가족협의회 집행부, 바지선 탑승 후 인양 작업 참관

- 2015. 9. 23
4·16가족협의회, 진상 규명을 위한 국가배상청구소송 제기 기자회견
4·16가족 중 131가구는 진상 규명과 책임자 처벌을 요구하며 법무법인 원을 통해 정부와 청해진해운을 상대로 손해배상 청구소송을 제기하였다. 가족들은 법원에서 참사의 책임소재를 가리겠다 의지를 표명하며 소송을 제기했다.

- 2015. 10. 15
4·16연대, 참사 구조방기를 주제로 하는 시민토론회 '구할 수 있었다' 개최

- 2015. 10. 19
상하이 샐비지, 해수부를 통해 특조위 선체조사 협조 거부
특조위는 세월호 선교 내부의 조타기와 계기판, 선체 내·외부 손상여부 등을 조사하기 위해 해수부에 수차례 협조를 요청했다. 그러나 해수부는 '선체조사 작업을 진행할 시간적 여유가 없다'는 이유로 상하이 샐비지가 거절의사를 밝혔다고 전했다.

- 2015. 10. 21
해수부 세월호 인양 예산안 79억 추가 편성
상하이 샐비지가 제시한 최저가격 입찰액이 사실상 담합을 의심케 하는 부분

- 2015. 10. 25
세월호 잔존유 제거작업 완료 발표(인양 업체에 해수부가 1차 비용 지급)

- 2015. 10. 29
대법원, 김한식 청해진해운 대표 등 유죄 확정 선고

2015. 11. 7
4·16연대, 세월호 진상 규명을 촉구하는 '특별법 제정 1년 국민대회' 개최

2015. 11. 12
대법원, 이준석 선장 무기징역, 선원 14명 징역 1년 6개월~12년 선고

2015. 11. 18
특조위의 세월호 인양 작업 현장 선체촬영 요청을 해수부가 거부함

2015. 11. 19
청와대 조사저지를 위해 총사퇴 선언한 여당 추천위원, 해수부지침 문건에 따른 것으로 드러남
특조위의 청와대 조사를 막기 위해 해수부가 작성한 '지침문건'이 공개되었다. 이른바 '대통령 7시간' 과 관련이 있는 '세월호참사 당시 청와대 업무에 대한 조사개시' 내용이 담긴 조사신청이 전원위원회의에서 통과되었다. 그러자 여당추천위원 5명이 '총사퇴'를 운운하며 반발, 기자회견을 진행하였는데, 해수부 지침에는 이러한 기자회견 진행도 포함되어 있었다.

2015. 12. 5
4·16가족협의회와 4·16연대, 해수부 지침문건에 대한 진상 규명, 처벌 요구 국민서명 시행 기자회견

2015. 12. 14
4·16특조위, 제1차 청문회 개최. 3일간 4·16가족 400여 명 참관
서울 YWCA 대강당에서 416세월호참사 특별조사위원회 제1차 청문회가 개최되었다. 청문회의 주제는 참사초기 정부의 구조구난 활동 및 해양사고 대응매뉴얼 적정성 여부, 참사현장에 피해자 지원조치 문제점을 확인하는 것이었으며, 총 29명의 증인과 5명의 참고인 진술이 있었다. 3일간의 청문회를 통해 초기대응에서 적극적 구조지휘, 구조작업을 하지 않았던 사실이 확인되었고 구조시스템과 재난대응관련 제도의 문제점을 확인하였다.

2015. 12. 30
세월호 선체 인양 지정물 인양 발표 (해당 인양 지정물엔 특조위가 증거로 조사하기 위해 작업중지 요청안을 보냈던 부분 포함)

특별법 개정안 요구기

- 2016. 2. 21

4·16가족협의회, '4·16특별법 일부개정법률안' 입법청원 및 개정찬성 국민서명지(5만여 명) 전달

4·16가족협의회는 특조위의 실질적 활동을 보장하는 내용을 포함한 '세월호 특별법 일부 개정법률안'을 국회에 입법청원하였다. 기자회견에서는 특조위 활동기간 연장 및 세월호 선체인양작업 정조사권 부여 등의 내용을 설명하고 국회의 조속한 처리를 촉구하였다.

- 2016. 2. 22

4·16가족협의회, 사단법인 등록 완료

- 2016. 2. 24

4·16노란리본 법률지원위원회 출범

- 2016. 3. 2

세월호 유실방지를 위한 사각펜스 설치 시작

- 2016. 3. 5

세월호 인양 작업 중 일부 절단 특조위에 통보. 특조위 작업 중단 요청

- 2016. 3. 7

세월호 부력재 설치를 위하여 42개 천공

4·16가족협의회, 4·16특별법 개정안과 특검 촉구 기자회견 및 80시간 삭발, 단식 농성 돌입

4·16가족협의회는 '세월호 특별법 일부개정법률안'과 특조위가 요청한 '특별검사 임명 의결요청안'의 국회 조속한 통과를 요청하며 국회 삭발 단식 농성에 돌입했다. 80시간 계속된 단식농성에 시민들은 대통령이 약속한 특검을 발동하여 진상 규명 활동을 책임 있게 할 것을 요구하며 밤샘 필리버스터와 지지방문을 통해 가족들을 격려했다.

- 2016. 3. 8
  해수부, 세월호 선체 절단 특조위에 일방적 통보(선수 불워크)

- 2016. 3. 11
  특조위, 사건 조사 신청 접수 마감. 가족협의회 조사신청 239건, 조사결정 176건
  4·16특조위의 조사신청접수가 3월 11일 부로 마감되었다. 그간 조사신청은 239건 신청되었고 176건 조사개시되었다. 그 중 4·16가족협의회는 162건을 조사신청 하였으며 126건 조사개시되었다. 그러나 진상 규명활동이 제대로 이루어지지 못하고 있는 상황에서 조사신청 접수마감에 대한 가족들의 아쉬움은 컸다.

- 2016. 3. 28
  특조위, 이틀간 서울시청 8층 다목적홀에서 제 2차 청문회 개최

- 2016. 4. 11
  『시사저널』, 어버이연합이 2014년 세월호 반대집회에 일당 2만 원 알바 1,200명 동원 사실 폭로

- 2016. 4. 14
  해수부, 세월호 인양 7월 계획 발표

- 2016. 4. 16
  4·16참사 2주기. 안산 정부합동분향소에서 '기억식'을 거행하고 범국민 촛불문화제 광화문 광장에서 개최

- 2016. 4. 25
  4·16가족협의회와 4·16연대, 세월호 특별법 개정, 특검 실시 즉각 의결 촉구 기자회견
  국회 앞에서 열린 기자회견에서 제19대 국회가 진상규명 특별법을 입법한 당사자로서 마지막 임시국회까지 책임을 다해 특별법 개정을 실시할 것을 촉구하였으며, 특별법 개정 국민서명운동 선포 및 국회 정문 1인시위 계획 등 발표하였다.

- 2016. 4. 26
  가족협의회, TMC 회의 자료 입수-상하이 샐비지 인양 업체 문제점 드러남

- 2016. 5. 3
4·16연대 등 시민단체, '세월호참사 2년, 진상 규명의 현황과 특별법 개정의 필요성' 긴급토론회 개최

- 2016. 5. 4
해수부, 세월호 선체 정리 용역 입찰 공고. 가족협의회 대상으로 최초의 인양설명회 개최

- 2016. 5. 9
4·16가족협의회, 단원고의 세월호 희생학생 제적처리 원상복구를 위한 농성 시작 일부 재학생 학부모와 충돌, 기록훼손 및 유가족 폭행피해 발생, 단원고 및 경기교육청 사과와 희생학생 재학으로 원상복구되어 14일 농성 해제

- 2016. 5. 20
4·16가족협의회와 4·16연대, 19대 국회 세월호 특별법 개정, 특검 무산에 대한 입장발표 기자회견

- 2016. 5. 25
4·16가족협의회, 세월호 특조위 상임위원으로 재임명된 황전원 분향소 분향 저지 세월호특조위 비상임위원으로 특조위 활동을 지속적으로 방해하고 총선출마를 위해 자진사퇴했으나 새누리당 추천으로 상임위원으로 재임명된 황전원이 분향소에 왔지만 가족들은 분향을 거절하였다. 26일 4·16가족들은 황전원의 특조위 출근저지 시위를 벌였다.

- 2016. 5. 27
5월 4일 기상악화로 한 차례 연기되었던 세월호 선체 선수들기 작업이 부력제 설치문제로 두 번째 시도도 연기

- 2016. 5. 29
더불어민주당 초선의원 27명, 팽목항과 사고해역 방문

- 2016. 6. 7
더불어민주당과 정의당, 세월호 진상규명 특별법 개정 발의안 제출 및 기자회견

2016. 6. 8
4·16가족협의회와 4·16연대, 특별법 개정 청원 기자회견 및 국민서명 전달식
4·16가족협의회는 국회 정문 앞에서 특별법 개정을 위한 입법청원 기자회견을 진행하고 가족을 비롯한 총 324,562명의 시민 청원 서명이 포함된 입법청원서를 304개의 서류봉투에 담아 시민들과 함께 국회에 접수하였다.

2016. 6. 12
동거차도 참사해역에서 진행된 세월호 선수들기 작업 세 번째 시도도 실패
4일간 진행될 것으로 예상된 선수들기는 갑판부 두 곳의 손상과 기상악화로 실패하였다. 때문에 여름시기 기상변화 등을 고려할 때 인양이 무기한 늦어질 가능성이 높아져 가장 확실한 증거인 선체인양을 통한 진상 규명에 어려움을 겪게 될 것으로 가족들은 판단하였다.

2016. 6. 17
세월호 희생자 수습에 앞장섰던 김관홍 민간잠수사 타계
세월호 선체에 진입해 292명의 희생자를 수습하는 데 앞장섰던 민간잠수사였으며, 제1차 청문회에 출석하여 정부의 수습지원과정의 부당성에 대해 증언하였던 김관홍 잠수사가 자택에서 타계하였다.

2016. 6. 21
해수부, 세월호 특조위 조사활동기간 6월말로 종료된다며 특조위 정원축소안을 일방적으로 발표

2016. 6. 22
더불어민주당 우상호 원내대표, 청와대 조사대상 제외시 특조위 조사기간 연장을 새누리당으로부터 제안을 받았지만 거부했다고 폭로

2016. 6. 25
4·16가족협의회와 4·16연대, 4·16가족들은 특조위 강제종료를 철회하고 진상조사 보장안의 국무회의(6월28일) 통과를 촉구하면서 서울 정부종합청사에서 노숙농성을 시작하였다. 그러나 26일 경찰은 4·16 유가족 농성장을 침탈하여 4명의 유가족을 연행, 감금하였고 항의하는 유가족에 다수 부상을 입혔다.

- 2016. 6. 28
4·16가족협의회와 4·16연대, 특조위 강제해산에 대응하는 각계 긴급회의 개최
국무회의에서는 세월호 관련 언급이 일절 없었으며, 4·16가족은 국회 앞 기자회견 진행
이날 개최된 국무회의에서 세월호 관련 언급은 일체 없었던 것으로 드러났으며, 특별법 개정안 수용 기자회견을 위해 국회 앞에 4·16가족이 도착하자 경찰이 피켓을 무력으로 빼앗고, 그 과정에서 다수의 부상자가 발생하는 등 폭력적 만행이 자행되었다.

- 2016. 6. 29
4·16가족협의회와 4·16연대, 특별법 개정을 막아서고 있는 새누리당에 항의, 당사 앞에서 기자회견

- 2016. 6. 30
4·16가족협의회와 4·16연대, 정부의 일방적 종료선언일인 30일 청와대에 특조위 강제종료 조치 중단과 성역없는 진상 규명과 인양을 촉구하는 기자회견

- 2016. 7. 1
4·16가족협의회와 4·16연대, 정부의 일방적 종료에 항거하여 출근하는 세월호 특조위 임직원 지지격려 방문 및 기자회견

- 2016. 7. 2
4·16가족협의회와 4·16연대, 광화문 광장에서 국민촛불문화제 개최, 농성보고 및 향후 방향 시민과 공유

- 2016. 7. 27
특조위 위원들, 광화문에서 릴레이 단식 농성 돌입

- 2016. 8. 17
4·16가족협의회, 사생결단식 돌입

- 2016. 8. 25
4·16가족협의회, 더불어민주당 당사 점거 농성 시작

- 2016. 9. 1~2
특조위 제 3차 청문회 개최

- 2016. 9. 5
4·16가족협의회, 사생결단식 종료

- 2016. 9. 3
특조위 강제 종료. 특조위 조사 기록 이관 완료(국가기록원, 국회 농해수위, 안산 시청, 서울시청)

- 2016. 10. 1
가족협의회, 세월호참사 900일 촛불문화제에서 국민조사단 제안

- 2016. 10. 6
특조위 릴레이 단식 농성 종료. 2017년 5월 3일까지 특조위 유지 천명 발표

- 2016. 11. 1
4·16세월호참사가족협의회, 4·16연대에서 세월호참사 당일 '대통령 7시간'을 비롯한 국가 헌정파탄에 대한 공개 질의와 요구

- 2016. 11. 4
특조위 조사관들, 참사 당시 대통령의 7시간과 최순실 게이트 관현 의혹 규명을 위해 박근혜 대통령의 특조위 출석 요구 기자회견 진행

- 2016. 11. 11
해수부, 연내 세월호 인양 실패 선언

- 2016. 11. 14
특조위 조사관 모임, 폐쇄된 특조위 사무실에서 서울 마포구 서교동 YMCA 건물 4층으로 사무실 이전, 진상 규명 활동 계속 진행

- 2016. 11. 16
청와대 경호팀, "7시간은 대통령 경호상 위해되는 내용이다", 1인시위 불가, 세월호 가족 막고 있는 상황에 대한 긴급 기자회견 진행

- 2016. 11. 21
안산교육지청에 임시로 복원된 4·16기억교실, 시민들에게 공개

- 2016. 11. 22
정부를 상대로 한 손해배상소송 재판 시작

- 2016. 12. 3
4·16가족, 참사 963일 만에 청와대 100미터 앞까지 행진

- 2016. 12. 28
국회 환경노동위원회는 12월 23일에 세월호참사 진상 규명 특별법안(정식명칭 '사회적 참사의 진상 규명 및 안전사회 건설 등을 위한 특별법안')을 신속처리안건으로 지정
2017년 11월 17일에는 이 법안이 국회 본회의에 상정 예정

- 2016. 12. 31
동거차도에서 세월호 미수습자 수습, 인양기원 동거차도 2017년 새해맞이 행사 진행

존엄과 안전에 관한 4·16인권선언

누구도 살아남지 못할 것이다. 세월호 침몰은 한국 사회가 이미 가라앉기 시작했음을 보여주는 상징적인 사건이었으며, 수많은 세월호들의 침몰 속에서 다시 닥쳐온 재난이다. 이 사회의 모순과 부조리를 참혹하게 드러낸 참사에도 불구하고, 정부는 정의를 짓밟고 언론은 진실을 왜곡하고 있다. 인간의 존엄에 침을 뱉고 참사의 진실을 덮으며 여전히 가만히 있으라 한다. 그러나 가만히 있으면 이 땅에 아무도 남지 않게 될 것이다.

우리는 인간으로 다시 살기 위해 저항과 연대를 멈출 수 없었다. 팽목항에서, 안산에서, 광화문에서, 애통함이 뒤덮인 또 다른 거리에서 우리는 함께 마음을 졸이고 아파했다. 눈물을 흘렸고, 이야기를 했고, 광장에 나섰고, 길을 걸었다. 흔들리면서도, 박해받으면서도 우리는 함께 싸우며 우리의 존엄을 회복하고 있다. 어둠은 빛을 이길 수 없고 모욕은 존엄을 밀어낼 수 없다.

모든 사람은 그 자체로 자유롭고 평등하다. 안전한 삶은 모든 사람이 누려야 할 권리다. 안전은 통제와 억압으로 보장될 수 없으며, 돈으로 살 수 있는 것도 아니다. 자유, 평등, 연대 속에서 구현되는 인간의 존엄성이야말로 안전의 기초이다. 우리의 존재가 오직 이윤 취득과 특권 유지의 수단으로만 취급되고 부당한 힘이 우리의 권리와 삶의 안전을 위협할 때 우리는 이에 맞서 싸울 것이다.

권리는 저절로 주어지지 않으며 우리가 협력하여 싸울 때 쟁취하고 지킬 수 있다. 권리를 위한 실천이 우리가 주권자임을 확인하는 길이며, 곧 민주주의 투쟁이다. 우리는 존엄과 안전을 위협하고 박탈하는 세력들에 맞서 노란 리본을 달고 촛불을 들겠다. 세월호의 아픔으로 시작한 이 싸움은, 모든 이들의 존엄을 해하는 그 어떤 장애물도 넘어설 것이다. 그리하여 함께 살고 함께 나누는 세상을 향해 나아갈 것이다.

이 다짐을 담아 다음과 같이 선언한다.

1. (인간의 생명과 존엄성) 인간의 생명과 존엄성은 최우선적으로 보장되어야 한다. 돈이나 권력은 인간의 생명과 존엄보다 앞설 수 없다.
2. (자유와 평등) 모든 사람은 자유롭고 평등하다. 어떠한 이유로도 억압당하거나 차별받아서는 안 된다.
3. (연대와 협력) 모든 사람은 연대할 권리를 가진다. 누구도 혼자 살 수 없으며,

인간의 존엄은 타인과의 관계 속에서 협력하며 살아갈 때 지켜질 수 있다.

4. (안전을 위한 시민의 권리와 정부의 책임) 모든 사람은 안전하게 살아갈 권리를 가지며, 안전한 사회를 만들기 위해 참여할 권리를 가진다. 모든 사람은 위험을 알고, 줄이고, 피할 권리가 있으며 이를 보장할 일차적 책임은 정부에 있다.
5. (구조의 의무) 정부는 모든 역량을 동원하여 재난 상황에 처한 사람들을 구조하고 이들의 안전을 확보하기 위해 마지막까지 최선을 다해야 한다. 구조에 있어서 그 어떤 차별도 있어서는 안 된다.
6. (진실에 대한 권리) 모든 사람은 재난을 초래한 환경과 이유를 포함한 진실을 알 권리를 가진다. 진상조사를 위한 기구에는 충분한 권한이 주어져야 하며 공정성과 독립성이 확보되어야 한다. 진실에 대한 어떠한 은폐와 왜곡도 용납될 수 없다.
7. (책임과 재발방지) 재난의 해결은 정의로운 방식으로 이루어져야 한다. 책임자를 엄정하고 공정하게 처벌해야 하며, 유사한 재난의 발생을 막기 위해 정부와 사회는 철저한 재발방지대책을 마련해야 한다.

8. (피해자의 권리) 피해자는 부당한 해를 입었고 고통을 겪는다는 사실을 인정받고, 존중받을 권리가 있다. 특히, 정부와 책임 있는 대표자로부터 공식적인 사과와 배상을 받을 권리가 있다. 또한 피해자는 사건 해결의 전 과정에 참여할 권리가 있다.

9. (치유와 회복) 피해자는 재난 발생 즉시 필요한 구제와 지원을 평등하게 받을 권리가 있다. 또한 치유와 회복을 위해 적극적이고 충분한 조치를 취할 일차적 책임은 정부에 있다.

10. (공감과 행동) 모든 사람은 재난으로 생명을 잃은 이들을 충분히 애도할 권리를 가진다. 모든 사람은 재난 피해자의 아픔에 동참하고 정의를 실현하기 위하여 말하고, 모이고, 행동할 권리를 가진다.

11. (기억과 기록) 공동체는 피해자를 기억하고, 재난과 그 해결의 전 과정을 기록하여야 한다.

12. (저항할 권리) 정부, 기업, 언론 등 권력기관이 인간의 생명과 존엄성을 침해하고 안전을 위협할 경우, 모든 사람은 스스로 방어하고 연대하여 투쟁할 권리를 가진다.

13. (존엄에 기초한 사회를 만들 권리) 모든 사람은 돈과 권력이 중심이 되는 사회를 근본적으로 바꿔 자유와 평등, 연대와 협력, 인간의 생명과 존엄에 기초한 사회를 만들 권리를 가진다.

우리는 상실과 애통, 그리고 들끓는 분노로 존엄과 안전에 관한 권리를 선언한다. 우리는 약속한다. 세월호참사를 기억하고 진실을 밝히고 정의를 세우기 위한 실천을 포기하지 않을 것임을. 또한 우리는 다짐한다. 이 세계에서 벌어지는 각종 재난과 참사, 그리고 비참에 관심을 기울이고 연대할 것임을. 우리는 존엄과 안전을 해치는 구조와 권력에 맞서 가려진 것을 들추어내고 목소리를 내는 데 주저하지 않겠다. 이 선언은 선언문으로 완결되는 것이 아니라 수많은 우리가 다시 말하고 외치고 행동하는 과정 속에서 완성되어 갈 것이다. 함께 손을 잡자. 함께 행동하자.

* '존엄과 안전에 관한 4·16인권선언'은 세월호참사를 기억하고 행동하겠다는 다짐들이 모여 함께 만든 권리선언입니다. 2014년 12월 10일, 세월호 유가족을 비롯해 재난안전가족협의회와 세월호참사국민대책회의 등이 4·16인권선언운동을 제안했습니다. 참사 이전으로 돌아가지 않겠다는 단절의 약속, 참사 이후의 새로운 사회를 열겠다는 다짐을 권리 선언으로 만들자는 제안이었습니다. 2015년 인권선언 추진단이 구성되어 본격적인 준비에 들어갔습니다. 7월부터 11월까지 전국적으로 100여 회의 풀뿌리토론이 열렸습니다. 1,100여 명이 참여하여 세월호참사에 대해 말하고 인간의 권리를 제안했습니다. 슬픔과 분노의 기억으로부터 침해당한 권리를 확인하고, 모든 사람이 누려야 할 권리를 서로에게 건네는 약속으로 삼았습니다. 풀뿌리토론의 결과를 모아 전체회의를 열고 초안에 대한 토론을 벌인 결과, 2015년 12월 10일 선언이 제정되었습니다.
4·16연대 산하 4·16인권선언제정특별위원회는 선언 제정에 멈추지 않고 더욱 많은 사람들에게 동참을 제안하는 선언인운동을 펼쳤습니다. 2016년 4월 16일, 세월호참사 2주기가 되는 날 우리 모두의 이름으로 '존엄과 안전에 관한 4·16인권선언'을 선포했습니다.
4·16인권선언운동의 전 과정은 아카이브에 등록 중이며, 선언인운동의 다양한 캠페인은 홈페이지(rights.416act.net)에서 볼 수 있습니다. 존엄에 기초한 사회를 만들기 위해 연대와 협력을 주저하지 맙시다. 우리의 권리를 함께 현실에 새깁시다. 우리들의 행동으로 4·16인권선언이 끊임없이 새로 쓰이기를 바랍니다.

세월호참사대구시민대책위원회

2014년 4월 16일. 우리는 세월호참사로 숨져간 이들, 지옥에서 생존해 돌아온 이들, 그들을 마지막까지 구조하기 위해 애썼던 이들, 그리고 그 모든 이들의 가족과 함께 하나가 되기 위해 절실한 마음으로 모였습니다. 아무것도 할 수 없었던 절망감과 무기력을 딛고 세월호에서 숨져간 이들의 희생이 헛되지 않게 하기 위해서 우리는 피눈물로 약속했습니다. '잊지 않겠습니다', '기억하겠습니다', '끝까지 행동하겠습니다'라고 다짐하며 대구 지역의 76개 단체가 모여 세월호참사대구시민대책위원회를 결성했습니다.

2014년 4월 16일 이전에도 세상은 언제 침몰할지 모르는 지옥이었고, 우리는 또 다른 이름의 세월호 승객이었습니다. 그러나 세월호참사를 겪으면서 비로소 세상을 있는 그대로 볼 수 있는 눈을 떴습니다. 생명과 안전보다 돈과 이윤이 우선하는 세상을 보았습니다. 부패한 정치권력의 무능과 무책임을 보았습니다. 왜곡과 오보를 남발하는 언론을 보았습니다. 그리고 총체적으로 국민의 안전을 책임져야 할 국가가 실종되었음을 보았습니다. 우리는 진상 규명과 책임자 처벌을 요구하는 목소리를 철저히 은폐하고 억압하는 현실을 똑똑히 보았습니다. 우리는 끔찍하고 잔인한 세상의 목격자이고 증언자입니다.

이제 우리는 우리의 길을 가고자 합니다. 세월호에 아직 사람이 있습니다. 돌아오지 못한 미수습자 9명을 반드시 가족 품으로 돌려보내고 세월호를 하루라도 빨리 온전하게 인양하고, 진실을 밝히고, 책임자를 처벌하고, 안전사회를 건설하겠다고 나선 이 길은 절대로 포기해서는 안 되는 길입니다. 우리가 가고자 하는 이 길은 돈과 권력으로, 끊임없는 모욕과 폭력으로 참사 당사자들을 몰아세우고 국민을 분열시키려는 자들과 맞서는 길입니다. 우리가 이 길을 가지 않으면 세월호참사는 더 큰 재앙으로 이 사회와 세상을 덮칠 것을 알기에 어떤 고난과 역경에도 우리는 기어이 이 길을 가려 합니다.

우리가 가는 길은 위험한 사회를 벗어나 안전한 사회를 만드는 길입니다. 우리가 가는 길은 왜곡되고 초라해진 민주주의를 되살리는 길입니다. 우리가 가는 길은 지금까지 버려진 인간의 존엄성을 되살리는 길입니다. 우리가 가는 길은 권리를 되찾고 사람이 사람답게 사는 세상을 만드는 길입니다. 우리가 가는 길은 무엇보다 인간으로서 최소한의 예의를 지키는 길입니다.

우리는 세상을 바꾸기 위해 토론하고 행동할 것입니다. 그리하여 마침내 우리는 모든 사람들이 안전하고 행복하게 살아갈 수 있는 세상을 만들 것입니다. 세월호참사대구시민대책위는 세월호참사의 비극을 끝까지 잊지 않고, 진실이 밝혀지는 그날까지, 끝까지 함께할 것입니다.

세월호참사대구시민대책위원회

10월항쟁유족회 / 5·18구속부상자회대구경북지부 / 6·15대경본부 / 건강사회를위한치과의사회대구지부 / 노동당대구시당 / 노무현재단대구경북지역위원회 / 녹색당대구시당 / 대경학생연대회의 / 대구장애인인권연대 / 대구KYC / 대구YMCA / 대구경북미디어협동조합 / 대구경북민권연대 / 대구경북민주화교수협의회 / 대구경북여성단체연합 / 대구경북인도주의실천의사협의회 / 대구경북진보연대 / 대구경북추모연대 / 대구경실련 / 대구노동세상 / 대구녹색소비자연대 / 대구민중과함께 / 대구북구여성회 / 대구사람장애인자립생활센터 / 대구시민단체연대회의 / 대구아이쿱소비자생활협동조합 / 대구여성광장 / 대구여성노동자회 / 대구여성의전화 / 대구여성인권센터 / 대구여성장애인연대 / 대구여성회 / 대구장애인차별철폐연대 / 대구지하철참사희생자대책위 / 대구

참누리아이쿱소비자생활협동조합 / 대구참여연대 / 대구평화와통일을여는사람들 / 대구함께하는교육시민모임 / 대구행복아이쿱소비자생활협동조합 / 대구환경운동연합 / 땅과자유 / 문팬 / 민주노총대구지역본부 / 민주사회를위한변호사모임대구지부 / 민중연합당대구시당 / 민중행동 / 범민련대경연합 / 사)대구민예총 / 성서대구 / 앞산꼭지 / 우리복지시민연합 / 이일재선생추모사업회 / 인권실천시민행동 / 인권운동연대 / 장애인지역공동체 / 전교조대구지부 / 전국교수노조대구경북지부 / 전국언론노동조합대구방송지부(TBC) / 전국여성노조대구경북지부 / 전국회의대구지부 / 정신대할머니와함께하는시민모임 / 정의당대구시당 / 주거권실현을위한대구연합 / 지방분권운동대구경북본부 / 참교육학부모회대구지회 / 참길회 / 천주교대구대교구정의평화위원회 / 청년유니온노조 / 탈핵대구시민행동 / 평화통일대구시민연대 / 한국인권행동 / 함께하는대구청년회 / 함께하는장애인부모회 / 함께하는주부모임 / 행복한마을공동체북구in

잊지 않고 있어요, 그날의 약속

세월호를 기억하는 대구 사람들

초판 1쇄 발행 2017년 4월 16일

지은이 세월호참사대구시민대책위원회 · 한유미
펴낸이 오은지
편집 변홍철 · 이호흔
펴낸곳 도서출판 한티재 등록 2010년 4월 12일 제2010-000010호
주소 42087 대구시 수성구 달구벌대로 492길 15 전화 053-743-8368 팩스 053-743-8367
전자우편 hantibooks@gmail.com 블로그 www.hantibooks.com

ISBN 978-89-97090-69-3 03300

이 도서의 국립중앙도서관 출판예정도서목록(CIP)은 서지정보유통지원시스템 홈페이지
(http://seoji.nl.go.kr)와 국가자료공동목록시스템(http://www.nl.go.kr/kolisnet)에서
이용하실 수 있습니다. (CIP제어번호: CIP2017007804)